SeaEagle

SeaEagle

窮人反而好辦事

沒錢、沒權、
沒關係、沒方法，
你要怎麼辦事？

涵予 著

沒有錢 要怎麼**辦事**？

沒有權，要怎麼**辦事**？

沒有人脈 要怎麼**辦事**？

你要如何**尋求貴人相助**？

一籌莫展不是你的最終選擇，
你應該想辦法讓自己一飛沖天！

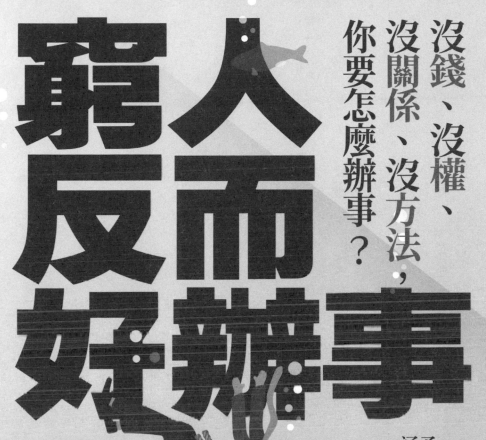

前言

每個人一生都要經歷無數的事，小到個人工作、家庭問題、子女教育、醫療保健、衣食住行，大到創建事業、生意合作、貿易談判、管理部屬，哪一件你不辦好都不行。

事與事不同，有大事、小事、內事、外事、難事、易事、雞毛蒜皮的事、重如泰山的事……人與人也不同，有些人一生下來就擁有別人無法企及的資源和背景，比如高官名流子弟；有些人一生下來口裡就銜著「金湯匙」，比如富豪後代……事有不同，人有差異，處理的方法和角度也千差萬別。本書的研究角度只有一個，那就是：沒有金錢、權勢、出身、人脈可以依靠的時候，怎樣把事情做到最好？

人窮志短，馬瘦毛長。什麼都沒有的人要成功，只有一個字：難。正所謂「人窮辦事難」；貧窮失敗、懷才不遇的人說話，也只有一個字：輕。正所謂「人微言輕」。

難也好，輕也好，也要活下去，而且要活得有出息；再麻煩，也要過生活，而且要把事辦成。因此，情況越難，你越要學會克服，說話越不被人當回事，你越要學會說話，除非你與世隔絕，但與世隔絕的人，怎麼能活得下去、又怎麼能活得出人頭地？

其實，辦事說難也不難，在大多數情況下，決定你人生成敗的不完全取決於你擁有的關係、背景、資源。因為有那麼多成功和富有的人曾經一貧如洗，最終依靠自己的奮鬥和正確的辦事方法，一步一步的改變自己的命運和前程，可見如何提升待人處事的能力對你的成功至關重要。

本書概括起來將從以下幾個方面提升你的辦事能力：

第一，建立正確的辦事心態

許多人由於不會辦事，導致辦事失敗，這種失敗的經驗使他一想到求人辦事就頭疼。還有些人因為自己位卑言輕，所以認為辦事的時候只能低聲下氣的求人，把自己放在一個低微的位置。

其實，你應該挺起胸膛去辦事。對方之所以地位或權勢比你優越，只是因為社會分工和扮演的角色不同，你去辦事，正是為了改變這種差異，不是為了顯示對方的地位和權勢。所以，我們辦事的時候，心態首先要擺正，不要輕易給對方「壓榨」我們的機會。

第二，辦事能力是一個人的核心能力

現代社會中，最可以表現一個人能力的就是辦事能力。如果評論一個人的能力到底有多高，很簡單，找一件難辦的事情讓他去辦就可以了。如果他把事情辦成了，還辦得漂亮，他就是一個出類拔萃的人；如果他只是把事情辦成了，沒有講究過程，他就是一個堪用之人，也就是比一般的人強一些；如果他把事情辦砸了，對不起，他是一個沒有能力的人，走到哪裡都不會被人看重。「人生」常常就是如此的殘酷，如此的現實。

第三，把辦事當成人生的挑戰和樂趣

不要把辦事當成一種煩惱，如果是那樣，你只會更煩惱。要把辦事當成一種樂趣，一種等待你去解決的難題。考試的時候，當一道難題被你破解的時候，你會高興，你會歡呼；那麼現在，當你面對另一種難題的時候，為什麼沒有在學校時的那種興奮，那種積極？那就是因為你沒有把它當成一種樂趣，而是當成一種煩惱來對待。

此外，在辦事的時候，再使用一些手段，比如：口才、巧借對方之力、另闢蹊徑、故意示弱等，讓對方覺得不給你辦事是不應該的，你的事情就成功了一半。接下來，就看你的發揮了，結果完全在你的掌握之中。

既然是窮人，勢必就要談到錢的問題。如果你僅滿足於做一個窮人，不去改變現狀，或者說不去謀求好的出路，你就會發現做一個窮人有諸多的不便。窮人的最大煩惱就是沒錢；沒錢時，最大的煩惱是難辦事；辦不了事，就會導致更加沒錢……由此形成一個惡性循環。是不是窮人就無法辦事？當然不是。只要你肯動腦筋，窮人照樣能辦成事，尤其是在沒錢的時候，只是看你如何去辦而已。

什麼時候都不要因為你一文不名、身分卑微而垂頭喪氣，正因為你在很多方面處於劣勢，所以你要透過辦許多的事來改變它，這沒什麼大不了的，多吃一點苦而已。這正是敦促你向上的動力，不要坐在那裡怨天尤人，去辦更多的事來改變你的命運，這就是你一生最大的任務和樂趣。

目錄

前言

第一章

沒有錢，要怎麼辦事？

一籌莫展不是你的最終選擇，
你應該想辦法讓自己一飛沖天！

一第二章一
沒有權，要怎麼辦事？

一籌莫展不是你的最終選擇，
你應該想辦法讓自己一飛沖天！

一第三章一
不認識人，要怎麼辦事？

第四章 求貴人幫你辦事

巧暗示

善借力

第一章

沒有錢，要怎麼辦事？

學做事

作為一個窮人，你應該如何去辦事，如何才可以辦好事？一籌莫展不應該是你的最終選擇，那樣的結果只會是一事無成。對於不願言敗的你，在這樣的困境下，還是得學兩手才行。

沒錢時，首先要學的是會做人。如果你不僅沒錢，而且為人也不行，可能對方連門都不讓你進，你還怎麼去辦事情？所以說，會做人是你的第一選擇。

從小事做起

在這個世界上，不管你是窮還是富，不可否認的是，人生就是一場大決戰。想要做一個成功者，就必須全面充分的利用一切條件，比如在做事方面，就要從小事做起，才能把自己要做的事做好，才能利用要做的事去改變自己的命運，進而走上成功之路。

一件事情的成敗，取決於眾多主客觀因素，但每個人都只有兩條路可走：要麼成為強者，獲得成功；要麼成為弱者，被淘汰。只有會做人的人，才能把握住最有利的條件和機會，選擇最適當的方式，最終成為強者。

美國標準石油公司曾經有一位叫阿奇博爾德的員工，他就是一個非常會做人的人。他每次出差的時候，總會在自己簽名的下方，寫上「每桶四美元的標準石油」的字樣，在書信及收據上也不例外。因此他也被同事叫做「每桶四美元先生」，而他的真名倒漸漸沒有人叫了。

公司的董事長洛克菲勒先生知道這件事後，很有感觸的說：「一名普通的職員，竟然能如此費盡心機的宣傳公司的聲譽，我一定要見見他。」

結果，在洛克菲勒先生卸任之後，阿奇博爾德就成了全球最大的石油公司——標準石油公司的第二任董事長。

在簽名的時候寫上「每桶四美元的標準石油」，就是這麼一件微不足道的小事，最終成就了阿奇博爾德。

在那些嘲笑過他的人當中，肯定有許多人的才華、能力都在他之上，可是最後，卻只有這個會做事的阿奇博爾德成了董事長。

任何事物都處在不斷的變化之中，主客觀條件也不斷的變換。只有能夠隨著時間、地點和機會的變化而靈活的做出不同選擇的人，才能緊緊的把握住成功的主線。

其實，在人們的工作生活中，到處都存在創造奇蹟的契機，只是人們的眼光往往都太高了，而忽視了那些小地方。總是以為小地方沒有大作為，沒有大發展，殊不知「千里之行，始於足下」。哪個成功者不是從小做大的？

事物發展必須經歷由小到大的變化。做事也是如此，只要抓住每個機會，認真對待每件小事，並且在上面多花一點心思，一樣能做出大事業。

戴爾・卡內基說：「以小見大，是我發現人才的最實用、最簡單的方法。」戴爾・卡內基就是透過這種方法選出了他的得力助手。本來，他的助手只是負責向他彙報私人信件的內容，但是她在做好自己本職工作的同時，還學卡內基的字體寫出了合乎卡內基意思的回信。

卡內基非常高興，因為以前的秘書只知道向他彙報，好多事情都需要卡內基親力親為。現在，助手和秘書可以合二為一了。於是，他的私人秘書就變成了他的高級助手。

人的性格、脾氣很多時候都能從小地方看出來。有些自以為是的人，天真的以為自己是做大事業的人，對身邊的小事不屑一顧、懶得動手，可是到真正派他去做大事的時候，卻因為沒有堅實的基礎、沒有豐富的實踐經驗而慌張不已。

人們在職場打拼，更需要從小事做起，因為老闆身邊也需要會做小事、能做小事、知道怎樣做小事的人，畢竟沒有那麼多大事可以分配給每個人。所以，想要發展自己，就萬萬不可忽視小事，而要懂得把小事作為自己晉升的跳板。

有一句俗話說得好：「機會只垂青有準備的人。」有些人之所以一生庸庸碌碌、無所作為，原因就在於他們不明白要做好小事的重要性，對待各種事情都是馬馬虎虎、丟三落四。如果一個人在平時就精心去做每件事，凡事費盡心力的做好準備，他辦事的成功機率比別人要大得多。即使遇到挫折也能平靜面對，很快振作起來。

會做事的人仔細，會做事的人聰明，仔細加上聰明，做什麼不能成功？

善識時務者善辦事

你釣過魚嗎？

這裡說的釣魚不是指在釣魚池中隨便亂釣，而是指在江河裡釣；所釣的也不是人工養殖的「笨魚」，而是純自然的「聰明魚」。

這是筆者親歷的一件事：

記得還是在二十歲左右的時候。一次，我去河邊釣魚，釣了很長時間就是釣不上來。難道是河裡沒魚嗎？不可能，這樣大的一條河怎麼會沒魚？這時，我看見離我不遠之處有一位老者，白鬚飄然，正在悠然自得的垂釣，一會兒釣上來一條，過一會兒又釣上來一條。看著他忙不迭的往魚簍裡放魚，我羨慕極了。難怪，魚都跑到他那裡去了，怪不得我釣不上來。於是，我開始轉移陣地，逐漸向老者靠近，漸漸的漁竿幾乎與老者的漁竿碰到了一起。老者說話了：「好吧！小伙子，我讓你。」說完老者收起了漁竿，離開了這塊寶地。我心裡一陣竊喜，這下，我終於可以釣上魚了！誰知我在這裡釣了很久，仍無魚來咬鉤。抬頭一望那位老者，他端坐在我以前釣魚的地方，又在那裡一條又一條的釣了起來。

這回我對老者徹底服了。我收起漁竿走到老者的身邊，向老者求教釣魚的秘訣。老者說：「小伙子，釣魚可是一門學問！春釣灘，夏釣灣，魚餌魚線都要常變換。」於是，老者向我說了他的釣魚經驗。他告訴我釣什麼樣的魚，就要用什麼樣的魚餌、什麼樣的線。線多長要隨水深水淺而變化，魚餌在鉤上的擺放也要視情況而定。即使釣同一種魚，隨著季節的變化，方法也不一樣，春天有春天的方法，夏天有夏天的方法，冬天有冬天的方法……我聽得目瞪口呆。天哪！釣魚還有這麼大的學問！這是我以前壓根兒就想像不出來的。釣魚嘛，不就是一個鉤，一根竿，一條線，一個魚餌嗎？誰知道這裡面的學問這麼多。

臨別時，老者說了一句讓我終生受益的話：「小伙子！魚是不會聽從你的安排的，牠不會照著你的意思上鉤。你想釣上牠來，就必須改變自己，讓你的方式適應魚的習性。」

釣魚確實是一門學問。人在岸上，魚在水裡，怎樣才可以讓魚上岸？要讓魚上岸，就必須先瞭解魚的習性，牠喜歡吃什麼魚餌，喜歡怎樣吃，喜歡什麼時候吃……掌握這些情況之後，我們就要改變自己，讓自己釣魚的方法盡量去適應魚的生活習性，這樣一來，魚就會咬鉤，就會被你釣上岸來。

的確，任何事情都不會按照人們的主觀意志去發展變化。你要獲得成功，就得必須去認識事物的性質和特點，然後再根據實際情況來調整和改變自己的思路和行為方式。只有如此，你才能在順應事物變化的同時，駕馭變化，走向成功。如果你想當然的憑自己的想法去辦事，這就像不知道魚的習性一樣，註定會徒勞無功。

諸葛亮說：「儒生俗士，豈識時務？識時務者，在乎俊傑！」什麼是識時務？識時務就是指認清事物的發展變化方向，瞭解問題的特徵，就如同垂釣之人瞭解魚的習性一樣。懂得這樣做的人才是高明之人，才是會做人的人，才是人中俊傑。

中國古代有一個故事，許多人都把它當成寓言來讀，或者當笑話來講，但筆者卻認為它是一個真實得不能再真實的故事了，這個故事的名字叫「刻舟求劍」。

古代楚國有一個人，乘船渡河時不小心將自己的劍掉進了河中，於是他在船上刻下記號。等船到岸之後，他便順著記號跳進水中去尋找自己的劍。人們告訴他，雖然你刻的記號沒變，但船的位置卻在變化，你這樣能找得到劍嗎？

讀完這個故事的人都覺得楚人可笑，也都覺得自己不會犯楚人那樣的錯誤。然而事實卻是，犯這種錯誤的人還不少。在這些人裡面，多半又是窮人，這是窮人們的悲哀。實際上，只要善識時務，窮人也照樣能不犯這樣荒謬的錯誤，辦成事，辦好事。認清你自己的處境，並設法加以改變，成功也不是遙不可及的事情。

沒有錢，至少還有誠信

人無信不立，誠信是人處世的根本。孔子曾經說：「人而無信，不知其可。」只有誠實守信的人才能得到別人的尊敬和信任。孔子的門徒曾子，聽說妻子為了讓孩子聽話就哄孩子說要殺豬給他吃，結果就真的殺了家裡唯一的一頭豬，怕的就是讓孩子認為大人說話不算話，影響到孩子將來的誠信。因為他深深懂得「人無信不立」的道理，即使對自己的孩子，也不能失信。而那些輕易許下諾言卻又不兌現的人，最終不僅會成為人們嘲笑和譴責的對象，也會為他們的失信付出代價。明代《郁離子》一書中記載了一則故事：

某商人過河時船即將沉沒，他拚命呼救，有一個漁人划船相救。商人許諾：「你如果救了我，我就付你一百兩金子。」漁人把商人救到岸上後，商人只給了漁人八十兩金子，漁人譴責商人言而無信，商人反而斥責漁人太過貪婪，漁人無言而走。

後來，商人又一次乘船遇險，再次遇上那個漁人。漁人對同行者說：「他就是那個言而無信的人。」眾漁人於是停船不救，商人被淹死在河中。

雖然在物欲橫流的今天，誠信在人們眼中被淡化了，但是人們仍然生活在這個地球上，人類仍然需要相互的交流，不斷的交往，因此誠信在現代社會還是很重要的，是無法取代的。假如每個人都帶著虛假的面具，假如人與人之間都在互相編造謊言，彼此互相猜疑，彼此不信任，我們所生活的這個世界必定會暗無天日，人們也會感到無所適從，不知道如何與人交往，不知道該如何在這個世界上立身，因此誠信是人們不可少的品德。

現代人需要擁有的品格很多，但是以誠信最為重要。在現實生活中，講信用的人必然會受到應有的尊重和信任。無論是愛情、生活、學習與工作的哪一個場合，缺乏誠信就沒有人格魅力，就沒有真正的「身價」。外在的財富、容貌和職位可以影響別人對你的評價，但是你若無誠信，你的外部條件只能使你更加遭人反感；你若有誠信，這些外部條件就會加倍的放大你的人格魅力。

勇於認錯得人心

在辦事的時候，很容易碰上雙方互相僵持的局面，在這個時候，如果你能夠承認自己是錯的，就等於承認對方是對的。表面上是你退了一步，別人進了一步，但是你沒有什麼損失，卻可以獲得更大的利益。

每個人都執著的相信自己的能力和判斷力，如果你明白的對別人說：「你錯了。」你想別人會同意你嗎？絕對不會！因為這樣直接打擊了對方的智慧、判斷力和自尊心。這只會讓他反擊，絕不會讓他改變主意，反而不如承認自己錯了，再尋找其他機會。

紐約泰勒木材公司有一個叫克洛里的推銷員，他承認多年來，他總是很明白正確的指出那些木材檢驗人員的錯誤，他也贏得了許多與他們之間辯論的勝利，可是最終一點好處也沒有得到。克洛里說：「因為那些檢驗員，和棒球裁判一樣，一旦做出裁決以後，就決不肯再更改。」

克洛里也感覺到，他雖然總是在口舌上獲勝，但卻使公司損失了成千上萬的金錢，因此他決定改變技巧，不再和客戶抬槓。他自述了改變後的效果：

有一天早上，我辦公室的電話響了，一位憤怒的主顧在電話那頭抱怨我們運去的一車木材完全不合乎他們的規格。他的公司已經下令停止卸貨，請我們立刻安排把木材搬回去。在木材卸下半車後，他們的木材檢驗員報告說，五五%不合規格，在這種情況下他們拒絕接受。

我立刻動身到對方的工廠去。途中，我一直在尋找一個解決問題的最佳方法。一般在那種情況下，我會以我的工作經驗和知識，再根據木頭的規格，來說服對方的檢驗員，那批木材是符合標準的。然而我又想，還是把剛學到的做人處世原則運用一番，看看效果如何。

我到了工廠，發現科主任和檢驗員都鐵青著臉，一副等著吵架的姿態。我們走到卸貨的卡車前，我要求他們繼續卸貨，讓我看看情形如何。我請檢驗員繼續把不合格的木材挑出來，把合格的放到另一堆。

看著他進行了一會兒，我才知道，原來他的檢查太嚴格，而且也把檢驗規則弄錯了。那批木材是白松，雖然我知道那位檢驗員對硬木的知識很豐富，但檢驗白松卻不夠格，經驗也不多。白松碰巧是我的內行，如果在以前我肯定會直接對檢驗員說他評定白松的方式是不對的。但是這次我卻沒有這麼做，而是繼續觀看，慢慢的開始問他某些木材不合乎標準的理由何在。我一點也沒有暗示他的檢驗規則錯了，還不停的強調可能是自己公司弄錯了，並且表示以後送貨時，盡可能的滿足他們公司的要求。

在整個過程中，我一直以一種非常友好的態度和語氣請教他，並且堅持要他把不滿意的部分挑出來，這慢慢的使他高興起來，於是我們之間劍拔弩張的氣氛開始放鬆了。偶爾我小心的提問幾句，讓他自己覺得有些不能接受的木料可能是合乎規格的，也使他覺得他們的價格只能要求這種貨色。但是，我在提問的過程中是非常小心的，不讓他認為我有意難為他。

漸漸的，他的整個態度改變了。最後他坦白承認，他對白松木的經驗不多，並且向我詢問車上搬下來的白松木的問題。我就對他解釋為什麼那些松木都合乎檢驗的規格。並且我仍然堅持，如果他還認為不合用，我們不要他收下。最後終於到了他每挑出一塊不合用的木材，就會有一種罪惡感的地步。最終他們也承認，錯誤是在於他們沒有明確指出自己需要的木材是哪一類等級。

最後的結果是，他重新把卸下的木材檢驗一遍，全部接受，於是我們收到一張全額支票。

從這件事來說，運用一點小技巧，即先承認是自己公司出了錯，再盡量控制自己不要點出別人的錯誤，就讓公司獲得了一大筆金錢，我們獲得的客戶信任，是用金錢無法衡量的。

不願面對失誤與不肯承認錯誤同樣糟糕，其實在辦事的過程中，如果可以把失誤當成人生必修課，並且能勇於承認失誤，改正錯誤，你會發現，你的辦事過程將會更加順利。

沒有人喜歡犯錯，因為犯錯意味著辦事失敗，而失敗大多是一些痛苦的經驗，甚至讓你的人生受到重創。不過，一生順利未曾嘗過失敗滋味的人，恐怕是少之又少，每個人都或多或少經歷過失敗的痛苦，只是程度輕重的差別而已。

很多人「一談失敗而色變」。然而，若是換一個角度來看，失敗其實是一種必經的過程，而且也是必要的投資。數學家習慣稱失敗為「或然率」，科學家則稱之為「實驗」，如果沒有前面一次又一次的失敗，哪裡會有後面所謂的成功。

每個人都會犯錯，這個道理大家都知道，可是一旦到自己的身上，很多人就會這樣想：「難道要我來承認我不如別人？」於是很多時候，人們不願意承認自己的錯誤。這就造成了人與人之間的交往障礙，因為每個人都堅持自己是對的，而觀點有時確實是對立的，於是留下埋怨、不滿和爭執，甚至影響業務往來。這在實際生活中已是屢見不鮮。

其實，失敗不可恥，不失敗才是反常，重要的是面對失敗的態度，是能反敗為勝，還是就此一蹶不振？優秀的人士，絕不會因為失敗而懷憂忘志，他們常常會回過頭來分析、改正，並從中發掘重生的契機。

有一位專門研究運動員的美國賓州州立大學教授喀爾文，曾經以一群奧運體操選手為研究對象，發現那些成績出色的運動員普遍具有兩個特點：一是從不抱完美主義；二是對過去的失誤從不放在心上，只專注於未來的挑戰。

所以，不管遇到什麼事，都不要跟你的顧客、朋友或反對者爭辯，別老是指責他錯了，也不要刺激他，而是要採取必要的讓步，講究一點方法才能改變他人對你的看法，才會使你的辦事之路一帆風順。

主動為對方說話

辦事也是一種藝術，是一個人與另一個人之間的交涉，它是有規律可循的。想要辦成哪一類事情，就必須清楚那一類事物的規律。只有掌握客觀規律，才能理順錯綜複雜的人際關係，才能遊刃有餘的辦成各項事情。

即使你的工作能力再強，在某些方面也肯定有不如人的地方，譬如，如果上司很欣賞某同事的設計，即使你有些妒忌對方，但你還是要在上司的聽力範圍內誇誇他。這樣一來，上司就會認為你胸懷豁達，並且有很強的團隊精神，進而給你更多的信任和重要的任務，而同事也會因為你的誇獎而對你更加友善。

由此可以看出，把握人情世故不僅讓你辦起事來更輕鬆，也可以讓你如魚得水，受益匪淺。僅憑著熟練的技能和勤懇的態度，就想在如今這個日益複雜的社會上順利辦成事情已經不太可能。雖然能力加勤奮很重要，但能把握人情冷暖，會讓你在辦事時更加遊刃有餘。

這是一個發生在英國的真實的故事：

有一個孤獨的老人，無兒無女，又體弱多病，他決定搬到養老院。老人宣布出售他漂亮的住宅，購買者蜂擁而來。住宅底價八萬英鎊，但人們很快就將它炒到了十萬英鎊，而且價錢還在不斷的攀升。

老人靜靜的坐在沙發上，滿目憂鬱。是啊，要不是身體不佳，他才不會將這棟陪他度過大半生的住宅賣掉。

這時，一個衣著樸素的年輕人來到老人跟前，彎下腰，低聲說：「先生，我好想買這棟住宅，可是我只有一萬英鎊。」

「但是，它的底價就是八萬英鎊啊，」老人淡淡的說，「現在它已經升到十萬英鎊了。」

年輕人沒有沮喪，他誠懇的說：「先生，如果你把住宅賣給我，我保證會讓你依舊生活在這裡面。和我一起喝茶、讀報、散步，每天都很快樂——相信我，我會用我的心來關愛你。」

老人面帶微笑聆聽著。

突然，老人站起來，揮手示意人們安靜下來：「朋友們，這棟住宅的新主人已經產生了。」

老人拍著身邊那位年輕人的肩膀說：「就是這個小伙子！」

年輕人終於令人不可思議的贏得了勝利，使自己的夢想成真。他靠的就是對老人內心真正需求的瞭解，進而反敗為勝。試想，如果他不懂得老人所想，不掌握一些人情規律，就憑著一萬英鎊，可以讓老人改變主意嗎？所以說，人情規律是你在辦事時必須掌握的，這一點務必要牢記。

善交際

交際是一項生存的本能，特別對於生活在現代複雜社會中的個體，想要獲得最佳的生存機會，就得擁有相應的技能，沒有人能夠逃得過交際的「魔爪」。既然如此，人人都得有一定的交際能力才能在這個社會上立足。擁有較強的交際能力是你在辦事時，是否順利的重要保障。

可以說，一個人結交了多少朋友，所交的朋友如何，決定了他在辦事過程中所要耗費的精力和時間，甚至是辦事的結果。

人人都能為我所用

作為在群體中生存的個體，你的朋友圈子一定要不停的構築，才可以讓你朋友越來越多，路越走越寬。想要擁有自己的圈子，就得開展屬於你的「圈地運動」。

圈子不能一成不變，像蓋好的樓房，想要第二期、第三期的開發。在打造關係網的過程中，已經認識的人很重要。你目前的聯絡網是編織你未來關係網的基礎。他們都有自己的熟人，而他們所熟識的人又有自己的熟人。你的圈中人不可能只認識你一個，不妨互通有無，帶著各自的朋友擴大聯盟。這樣交叉著，你的圈子就很容易擴張，你的獲得就永遠新鮮。

每個人都有一個相對熟悉的交際圈，或以地域為標誌，如鄰里之間、公司等；或以人群為界限，如同性之間、同事之間、同齡之間、同學之間等。在這個熟悉的交際圈中你可以揮灑自如、遊刃有餘，堪稱交際高手。但一旦走出這個熟悉的交際圈，你還能達到這樣的境界嗎？有許多人一反常態，變得十分彆腳、彆扭，為此而深受困惑和苦惱。人的一生要辦形形色色的事，想要各種事情都辦得順利，需要你不斷擴大交際面，越來越多的要求你迎著陌生，學會與圈外的諸色人等打交道。

開放心態

交際圈外總是不如圈中那麼熟悉、隨意，多會讓你感到陌生、僵硬、彆扭。交往把你推到交際圈外時，你應打破怯懦畏縮心理，以積極開放的心態面對一切，這樣你就能放鬆自己，展現出熱情揮灑的風貌，讓人認同、欣賞、接受。

有效接觸

交際圈外與圈內具有很大的差異，不像圈內有更多的相同點和一致性。這就要求你善於尋找彼此的接觸點，比如工作上相通一致的地方、共同的愛好追求、性格上的一致、觀點上的相近等。觀察細緻一點，如衣服品牌相同、知道了同一見聞、認識同一熟人等，都可作為交際的接觸點。有了接觸點，便形成有一定內涵的合適的交往關係。

隨行就市

新的交際圈有新的特點、新的要求，要介入其中，你必須調整固有的交往習慣和方式，適應它，這樣才會為新的交際圈所接納。而且對對方獨特的交際方式，即使不適應，也不能採取冷淡的態度，要包容一切。

保持本色

問題往往是辯證的兩個方面：一方面你應調整自己，適應對方，另一方面你又不能喪失自我，毫無個性。從根本上說，你無論面對的是怎樣一個交際圈，是高品味的，還是低俗的，是充滿權力色彩的，還是平凡普通的，適應是你的技巧，本色卻要一以貫之。只有保持本色，你才會顯示出特有的交際魅力。

探索規律

交際無論圈內、圈外都有其自身規律，懂得並遵循這些規律，你的交際就顯得得體、適宜，反之難免無所適從，左右碰壁。有時這些規律複雜而微妙，這就要求你，在實際情況下探索和體會特殊交往規律。比如與上司交往一般要注重保持距離原則。有些上司是個性比較隨意的人，或者在某種情況下，某個時段內，上司心情好，容易接納人，你就要見機改變方式以便獲得好感。

不畏挫折

要維護和擴大「關係網」，不可心急。如果是盲目的向前衝，只會使人離你越來越遠。你的積極進取在別人眼裡可能是「不擇手段」、「沒頭沒腦」的。最糟的情形，還可能是使你想親近的人紛紛躲避。要建立真正的關係，不能像「攻城掠地」一般，可以持續發展的「關係」，應該是長久而穩固的。

對一個新的交際空間，自然會伴隨著更多的挫折和失敗。這是對你的考驗，你是畏縮不前、一蹶不振，還是毫不動搖、繼續再來？既然挫折自然而然，你對待挫折也就該見怪不怪了。最重要的是從中汲取教訓，總結經驗，化作動力。

結交比自己優秀的人

一個人在辦事過程中，不應該過分依賴已有的舊友，而要不斷的建立新的人際關係和高級的人際關係。所謂高級的人際關係，說得簡單一點就是和比你優秀的人結交。「感謝周圍的人對我的幫助」，這是多數成功人士常常掛在嘴邊的話。交往中是否有人緣，往往左右著個人的發展。所以每個人都應從年輕時代起建立良好的高層次的人際關係。

辦事時，舊的人際關係固然重要，但也不可一味的依賴舊友。辦的事情不同，交往的人也不同，甚至可以說你每次辦事時都有可能要和陌生人打交道，在這過程中，結交新的人際關係是非常必要的。同時透過新的人際關係擴大自己的交際圈，擴大視野。

怎樣才能建立新的人際關係？為此，要有實際的行動——積極的走出去，創造與人交往的機會。公司以外的各種的聚會要率先出席，各類家庭聚會也要積極參加，不要嫌麻煩。如果有不同行業的交流機會，也要主動的參與籌劃，加入你感興趣的圈子也是極好的機會。性格內向的人特別迴避這種聚會，其實這對自己的個人生涯是十分不利的。必須以堅強的意志克服自己的厭倦情緒，積極的參加。

拜訪已經成功立業的前輩，能轉換一個人的機會和命運；結交比自己優秀的朋友，能使一個人更加成熟。要與人相識，不像一般想像的那麼困難，結交地位較高的人也是如此，尤其是

窮人反而好辦事

年輕人，可以無所顧慮的和地位較高的人去主動接近。

美國有一個叫亞瑟·華卡的農家少年，在雜誌上讀了某些企業家的故事，他很想知道得更詳細，並且希望能得到他們的忠告。

有一天，他跑到紐約，也不管幾點開始上班，早上七點就來到紐約最著名的律師——威廉·B·亞斯達的事務所。在第二間房子裡，華卡立刻認出了面前這位體格結實、濃眉大眼的人。高個子的亞斯達開始覺得這個少年有些討厭，然而一聽少年問他：「我很想知道，我怎樣才能賺到一百萬美元？」他的表情很快就變得柔和並微笑起來，後來兩個人竟然談了一個鐘頭。隨後亞斯達還告訴他該怎樣去訪問其他的企業界的名人。

華卡照著亞斯達的指示，遍訪了一流的商人、總編輯及銀行家。

在賺錢這個方面，他得到的忠告不見得對他有多麼大的幫助，但是能得到成功者的指點，給了他自信，他開始運用他認為會使他成功的做法。

過了兩年，這個二十歲的青年，成為他當學徒的那家工廠的擁有者。二十四歲時，他成了一家農業機械廠的總經理，不到五年，他就如願以償的擁有了百萬美元的財富，這個來自鄉村的粗陋木屋的少年，終於成為了一家著名銀行的董事會的一員。

在華卡活躍於企業界的幾十年中，運用他年輕時來紐約學到的基本信條，即多與有益的人結交，他堅信會見成功立業的前輩，能轉變一個人的機會。

年輕時都能直率的表達崇拜英雄人物的心意，可是年紀一大，就以為應該把這種心意隱藏起來，但是隱匿崇拜英雄人物是錯誤的。應該與你所崇拜的人親近，這才是良策；這不僅能使對方感到高興，而且會鼓勵你，增加你的勇氣。

懷特是美國印第安那州一個小鎮上的鐵道電信事務所的員工。十六歲時，他決心要獨樹一幟。後來，先是在西部電信公司工作，而後成為俄亥俄州鐵路局局長。當他的兒子上學時，他給兒子的忠告是：「在學校要和一流人物結交，有能力的人不管做什麼都會成功……」

把有能力的人作為自己的榜樣不可恥，朋友與書籍一樣。好的朋友不僅是益友，也是良師。

要與偉大的人物結交，跟第一次就想賺百萬美元一樣，是相當困難的事。原因不在於他們的出類拔萃，而是你自己忐忑不安。

年輕人之所以容易失敗，是因為不善於和成功人士交往。法國陸軍元帥福煦說過：「青年人至少要認識一位善通世故的老年人，請他做顧問。」著名的哲學家薩加烈也說了同樣的話：「如果要求我說一些對青年有益的話，我就要求你時常與比你優秀的人一起行動。就學問而言或就人生而言，這才是最有益的。學會正當的尊敬他人，這是人生最大的樂趣。」

結交比自己優秀的人是一條辦事的捷徑，是一個想轉變自己命運的捷徑。

多送恩惠，少欠人情

俗話說：「人情大過債。」要把人情當債看，這樣你的朋友才會越來越多，你的辦事過程才會越來越順利。

在人際交往中，朋友之間相互幫忙是很平常的事情。但是，這裡面也有許多訣竅。如何幫忙，如何應付人情，不是一件簡單的事情。需要記住的是：人情是必須回報的。但是怎樣回報，什麼時候回報，回報多少，卻從來沒有什麼固定的規律可言。

要學會「送人情」，不要讓朋友覺得恩情過重以至於不予接受，人情要送得恰到好處，才能避免給人一種負擔的感覺，同時還要盡量避免欠下人家的人情。《論語》上說：「惠則足以使人。」意思是說，你給予了別人恩惠，就足以使喚別人了。所以，對朋友的各種恩惠要慎重，不要見好處就上，能不接受的盡量不要接受，要知道「吃人嘴軟，拿人手短」。天底下哪裡有免費的午餐，吃了人家的拿了人家的，肯定要替人家辦事才行。

這要和朋友禮尚往來、互贈禮物這種正常交往區分開來。只要自己仔細觀察，還是能夠將帶有明顯功利目的的朋友識別出來的。在當今社會生活中，生活節奏明顯加快，一個人在社會上要應付各個方面的人，當然請朋友辦事的速度也大大提升。俗話說，無事不登三寶殿。如果一個不熟的朋友不請自來，或者日常好友，帶的禮物異常貴重，你不必感到奇怪，肯定是有求於你。

人貴有自知之明，自己最應該瞭解自己的能力。能喝幾杯酒，能辦什麼事。生活中許多人好面子，也算熱心腸，整天就愛打腫臉充胖子，朋友求到面前了，也不管自己行不行，馬上胸脯一拍，大話就說出去了。更有甚者，明知自己辦不成，硬著頭皮也要應承。認為只有這樣朋友才會看得起自己，這樣做朋友才夠意思。

《三國演義》中就說了這麼一個人，他的名字叫蔣幹。他自吹自擂，認為自己的口才可以直追春秋戰國時期合縱連橫的蘇秦、張儀，因此向曹操自薦，要求去說服周瑜投降曹操。曹操一時被他的言辭打動，就派他前往東吳做說客。

剛見到周瑜，立刻被周瑜說破了來意，弄得蔣幹無法開口，加上一點威逼利誘，蔣幹根本無計可施。最後盜走了周瑜假冒蔡瑁、張允的筆跡寫的假書信，害得曹操中計，白白損失了兩員善於水戰的大將，最終直接葬送了曹操八十多萬人馬。

窮人反而好辦事

對於力所不能及的事情，千萬不要逞強，說不定你還會將事情辦壞，辦不成的事情，不要羞於出口，要老實的告訴對方。蔣幹就是太不自量力，事情沒辦成不說，還連累了別人。要知道朋友之所以來找你，就是因為他也辦不成，別為你幫不上別人的忙而難過，與其搞砸了這件事，還不如讓他另請高明，這就相當於幫助他了。

中國人講求面子，所以一定要注意保存別人的顏面，即使別人求你幫忙，也不能忽視這一點，因為不知道什麼時候你也會有求於人。別人帶來的禮物，你如果一口回絕，他就會覺得你不給他面子，你再讓他帶回去，更是折損對方的尊嚴。所以，你也不能太傷人家的面子，盛情難卻，你可以暫時收下，但是你必須記著要把這個人情送回去。你可以去回訪他，帶著差不多的禮物，兩下扯平，也不會傷了和氣。

朋友請你辦事的第二種方式，就是設飯局。這也是為別人考慮的一種方法，因為東西送到府上，你不能不給面子，也許別人不情願。但是吃飯卻得預約，別人或許有許多藉口去推辭掉，等於幫助別人留有餘地。但是拒絕的人腦子也要轉得快些，推辭要講的合情合理，委婉含蓄些，讓雙方都有面子。有些是朋友出面介紹其他的人，要知道對方是誰，要搞清關係網，弄明白朋友圈，再想想是赴約還是推辭掉，這樣會比較好些。

總之，避免人情債，盡量多助人，但要有自知之明。在家靠父母，出門靠朋友，多一個朋友多一條路，知道如何與朋友相處，將會大大有助於你的辦事。

與人為善，從自己做起

做一個和藹、熱情、豁達、幽默的人，你不僅會改變你自己，更會改變你的整個世界。要知道，鷸蚌相爭，他人得利，與人為善，助人助己。有意的去創造和諧的人際關係，你會發現，在日後的辦事過程中，你會從中受益匪淺。

人與人之間的關係通常是複雜又微妙的，人們總是想盡量處理好各種人際關係。但實際上，人們卻常常為各種人與人之間的糾葛與矛盾所困擾。這不僅僅是因為人們的性格、脾氣、秉性之間存在著巨大的差異，導致交流和溝通的障礙，容易在人們中間造成各種隔閡和誤解。更重要的是，人與人之間存在一定程度的利益衝突，這種對立所引發的矛盾難以解除，將嚴重影響人際關係的和諧與穩定。因此，關注人際關係的協調，學會如何協調，是工作生活中的必修內容。

每個人都需要有一個融洽和諧的環境，希望擁有良好的人際關係，更希望與別人友好相處，獲得他人的信任、理解和支持。然而良好的人際關係是互動產生的，它取決於交往的雙方。一個人不僅要善於接受他人，同時還要能為他人所接受。如果大家都覺得與某人交往是一件頭疼的事情，對他沒有好感，即使他樂於與別人交往，但人們依然很難接受他。**林肯說過：「一個人要是在四十歲的時候還不知道怎樣討人喜歡，他的事業就完了。」**怎樣才能討人喜歡、受人信賴？這就牽涉到一個人的人格魅力的問題。

莫洛曾經是美國最著名的摩根銀行的董事長兼總經理，自從他擔任總經理以來，他的年收入就高達一百萬美元，這在當時可是一個天文數字。最初他不過是一個法庭書記員而已，他的事業後來得以如此驚人的發展，究竟靠的是什麼法寶？

莫洛從底層做起，雖然吃了許多苦，可是增長了許多才幹，他一生中最重大的一件事，就是博得了財閥摩根的青睞。當時，摩根挑選總經理時，不乏一些富有才幹的人與莫洛競爭，然而最終選定他，不僅是因為他在經濟界享有盛譽，更重要的是因為他的人格非常高尚的緣故，他也因此成為全國矚目的商業鉅子。

這就是人格的魅力，或者是人們看見他們的目光，或者是人們看見他們的微笑，或者是人們看見和聽到他們的舉止言行，就不由自主產生尊敬和欽佩的感覺。他們很容易得到別人的青睞，使別人對他們產生興趣。別人在不知不覺中，使想和他們接近，成為朋友。

人格魅力與風度一樣，都是一個人內在素質的外在表現，而且每個人都能夠展示出他自己獨特的魅力，它不是靠模仿，更不是裝腔作勢的結果，而是在長期的生活和學習中所形成的良好的性格、氣質的自然流露。要增強自己的魅力，最重要還在於豐富自己的內在修養。如果只注重外表的風度與魅力，實則胸無點墨，內心空虛，雖然可以取悅一時，但終究還是會被人們識破，以致遭到人們的嘲諷和唾棄。

風趣與幽默是最可以展現人格魅力的特質，誰都喜歡和這樣的人在一起。如果你想結識風趣的朋友，自己就應該先變成風趣的人。最開始可以進行這個方面的累積，記住一些趣事和笑話，這樣在與人交往的時候可以展露你的幽默，讓別人知道你是喜歡和人分享趣事的人。反之，如果像新聞記者似的，每次見到人劈頭就問：「最近有沒有遇上什麼有趣的事情啊？」必定讓人敬而遠之。和這種人站在一起，日子一久，也會感到神經變得過度緊張。

當然，即使自己知道一些有趣的事情，也不要見人就說，也要分清人和場合，還要注意觀察別人的心情。果真要分享有趣的話題，寧願找更樂觀、更開朗的人做談話對象。因為和這樣的人在一起，會引起大家的共鳴，以獲得更好的效果。

真正的風趣幽默靠的是智慧與善良的潛質，只有加強這個方面的修養，才能夠綻放人格魅力的光芒。

與此類似的還有許多，你大可以一一模仿，為自己的魅力再加些分數，進而使你的辦事之路再平坦一些，再通暢一些。

交友之道，重在交心

一個人可以沒有財產，但絕不可以沒有朋友。擁有許多朋友的人具有比別人更大的優勢和別人無法比擬的更多機會。當一個人的事業處於低潮或上升階段時，朋友就顯得更為重要了。許多人以為自己交際很廣，似乎擁有很多朋友，但當他真正需要朋友時卻發現並非如此，因為他們根本不懂得擇友處世的方法。

讓朋友勝過你

有人高談自己的光榮歷史時，一般人常常會脫口而出：「那有什麼了不起！我的過去比你更值得吹噓。」就因為這樣簡單的一句話，許多人失去了更多的朋友。

法國哲學家羅修夫曾經說：「如果想樹立一個敵人，只需打敗你的朋友就可以了。如果要結交一位摯友，就要讓對方勝過你。」德國有一句俗話，也有相同的意義：「沒有任何一件事比看到朋友成功更可以讓自己感到高興。」

為了贏得一個好朋友，請讓朋友勝過你。那些越誇大自己成就的人，就越沒有成就。我們應該盡量心存謙虛之情，切勿自我標榜。有時候，為了讓朋友更出色，還可以採用出讓功勞的方法。

晉朝王導為宰相時，有一個叛賊叛亂，他不去討伐，陶侃責備他，他覆信說：「我遵養時晦，以待足下。」

陶侃看了這封信笑著說：「他無非是『遵養時賊』罷了。」

王導「遵養時賊」以待陶侃，留下現成的功勞準備讓於人，成為一段千古佳話。

多為朋友著想

■ 多為朋友著想，多體諒對方的難處。友誼不會自己生長，需要悉心培養。

■ 傾聽朋友的訴說。人人都渴望得到別人的理解，傾聽朋友的訴說，就是表示理解的最佳方式。

■ 關鍵時刻要有節制。情緒衝動或發怒時說的話，對友誼的破壞性最大。

■ 自己的壞情緒不要影響朋友。如果你強求別人順應你的惡劣情緒，誰也不會靠近你。

■ 經常表示對朋友的關心。見面說幾句體貼的話，寄一張生日卡片，打個問候電話都表示你時時關心著朋友，這是給朋友最好的禮物。

結識新朋友

「萬事開頭難」，在彼此事先相約或相知的過程中，人們通常是用一些約定俗成的寒暄之語，如致問候，互表敬慕來開頭，以舒緩初次見面的拘謹。但是在不知、無約、又無人介紹的場合下，就需要首先觀察環境，尋求與欲結識的新朋友對環境的共同感受，然後確定第一句話，盡力找到共同感覺。

用求助的方式來結交朋友是最有效的。如在餐廳同一張餐桌上，恰如其分的說：「對不起，請你幫我照看一下位置，我去去就來。」這就是很典型的求助式詢問，要掌握求助的內容是對方輕而易舉可以做到的，求助後應該表示感謝。

擴展是結識雙方能否由陌生走向熟悉的關鍵。要以愉快、輕鬆、隨意的方式與對方交談，一般是以詢問開頭。比如：「你買去哪裡的票？」「你來這裡旅遊嗎？」詢問的目的是為了發現與對方的共同點，這樣你就可以繼續帶出一些雙方都感興趣的話題。比如：「你要去的地方我已經去過多次，非常熟悉。」「我真羡慕你，我要是也能到處轉轉該多好啊。」

當與新認識者握手告別時，你可以打開你的備忘錄請對方寫下自己的住處，你也可以把自己的電話號碼告訴對方。可以確信，當你找上門的時候，對方一定會熱情歡迎你，因為你們已經不再是陌生人了。

除此之外，在社交場合，遇到陌生人時你還可以透過下列方法結識新朋友：

■坦白說出自己的感受。坦白的說「我很害羞」或「我在這裡誰也不認識」，比故裝拘謹、冷漠要好得多。

■從周圍環境中找到與人交談的話題。

■善意的以對方為話題，比如：「你的帽子很別致。」

■提出問題，許多難忘的談話都是從一個問題開始的。

■留心傾聽，不傾聽就無法真正的交談。

■談當時的情況或活動。例如在商場裡，你可以說：「今天又不是節假日，人也這麼多！」在電影院裡，你可以說：「我聽說這位明星有可能得到今年的奧斯卡獎提名。」

■奉上幾句讚美之言。例如在洗衣店裡，你可以說：「你這件衣服真漂亮！」

■對對方正在做的事表示興趣。例如在火車上或飛機上，鄰座正在看書，你可以說：「我聽朋友說起過這本書，到底怎麼樣？」

■給對方一點東西。例如在火車或飛機上，你可以把報紙、雜誌借給鄰座，或與對方分享食品。在聚會的場合，只要你肯為不認識的人帶杯飲料，你們很快就會聊上。

■告訴別人自己的情緒。例如在等著面試時，你可以跟鄰座說：「我很緊張，你呢？」

■主動打招呼，並介紹自己。例如你可以說：「我是從某某地方來的，現在跟你同行。」或者「我剛搬來，跟你做鄰居。」這種坦率熱情的態度無論在哪裡都很管用。

不忘老朋友

有一句俗話說，結新知，不如舊交好。在日常生活中，與其施恩於人，而獲得他人的好感，不如依正道而行，以獲得輿論的推崇；與其結交新朋友，不如珍惜原有的友誼。結交新的朋友並非不好，只是不能喜新厭舊！何況，輕易背棄朋友的人，也難免會有被拋棄的一天！

不要居高臨下交朋友

■與自尊心很強的人交朋友時，不要讓對方覺得你比他更有作為。

■如果想指正對方，必須讓對方察覺到才可以，同時要使任何人都察覺出你在指正對方的錯誤。

■不要使人覺得為教導對方而去教導對方。對於他所不瞭解的地方，就說那是他忘記了，這是如何指正對方錯誤的秘訣。

■著名的英國政治家和作家切斯特菲爾爵士，曾經在寫給他兒子的處世箴言中，寫下如下一節：「如果可能，你要成為比別人更賢明有用之人，但不要試圖去教導別人。因為你在許多方面，也可能是一個無知之人。」

■蘇格拉底曾經對他的學生們這樣說：「我一生只瞭解一件事，那就是：我什麼都不瞭解。」

■為了贏得好人緣，就不要正面指正別人的錯誤。

不計較朋友之間的差距

■朋友之間相處，如果收入相差懸殊，應該盡量讓收入不同的影響減輕到最低。必須誠實面對自己的腰包，衡量什麼是自己負擔得起，什麼是不該參與的，不必掩飾自己手頭拮据的情形，參加朋友的活動須量力而行，即使活動本身相當具吸引力，也別告貸參加，否則只會讓友誼變質。

■與朋友相處，如果聽到別人不斷炫耀財富，不免心生反感，同樣的，朋友也不希望常聽到你哭窮，所以無須與別人討論你的錢財多少，因為友誼是相濡以沫的，它不會因你的財富多寡而有等級之別。

好朋友要多關照

■手到、腳到、口到，是建立人際關係的基本。手到是指寫信、寄卡片；腳到是指拜訪及出席聚會；口到則是指打電話問候之類。此「三到」在人際關係的建立上是不可缺少的。

■太過度的呵護親切，反而會令人厭煩受不了。與其過度親切令對方受不了，倒不如不去對別人親切，讓他們落個輕鬆。

■從長遠來看，人與人之間能有長期的交往，是由於彼此之間取得了施與受的平衡。當然這也是古今中外不變的法則。所以，如果不能給他人一些有用的東西，是無法取得平衡的。可以以自己的專業知識、資訊或專長為根本，來交換得到其他不同的知識。

■不要有追求名利的心。利，會支配求利者的得失之心。不以求利為前提而去做任何事才會得到良好的人緣；相反的，汲汲於名利的追求者，是最容易喪失人心的。

■人與人之間的相處，就如同一個人的左右手，能夠彼此幫助，在彼此幫忙之際，更別忘了要記得回謝而不求回報。如果大家都有這種覺悟，結交朋友就不會再是一件苦差事了。

■不經思索的說出心中好惡，在人際關係的維持與運用中是一大禁忌。應該盡可能不去看對方的缺點，而往好的方面去想才行。

■嚴守秘密是得到信任的第一步。不論任何的個人資料，千萬不可以隨便洩露出去。因為洩露秘密而失掉朋友，是理所當然的事情。

■很少有人會想利用別人來獲取自己的利益，但為了自己的生意而去結交某人，卻是很常見的。在知道對方從事的工作對自己有益之後，而想作進一步的交往時，要靜待機會自然的來臨，千萬不可唐突，才是有禮之舉。

■要注意不去勉強他人。若是勉強別人做事，會增加對方的困擾，往後的繼續交往，將會是一件難事。在彼此互相體諒的前提之下進行的商談，才能夠完美順利的進行。因此，一定要順其自然的結交朋友，才能維持良好的人際關係。

結交朋友，重要的一點就是彼此在平等的基礎上交往，讓對方瞭解你的心思，而不是總在猜你的心思。當兩個人的心靠近時，也就是友誼之花綻放的時候。

善於編織關係網

在成功學中有「友誼網」之說，認為喜歡別人又可以讓別人喜歡的人，才是世界上最成功的人。成功的人們大多喜歡廣泛交際，有自己的一張「友誼網」。

成功的人大多是有關係網的人。這種網路由各種不同的朋友組成，有過去的知己，有近交的新朋友，有男的，有女的，有前輩，有同輩或晚輩，有地位高的，有地位低的，有不同行業的，有不同特長的，也有不同地方的……這樣的關係網，才是一張全面的網路，也就是說，在你的關係網中，應該有各式各樣的朋友，他們能夠從不同的角度為你提供不同的幫助。

窮人反而好辦事

廣泛與人交往是機會的源泉。交往越廣泛，遇到好機會的機率就越高。有許多機會就是在與朋友的交往中出現的，有時甚至是在漫不經心的時候，朋友的一句話、朋友的朋友的幫助、朋友的關心等都可能化作難得的機會。在很多情況下，就是靠朋友的推薦、朋友提供的資訊和其他多方面的幫助，人們才獲得了難得的機會。

實際上，你的「關係網」遠比你意識到的要廣大得多。你實際擁有的網路延伸到了你每天都有聯繫的人之外，更多的聯繫包括你與之共同工作和曾經一同工作過的人們、以前的同學和校友、朋友、你整個大家庭的成員、你遇到過的孩子的父母、你參加研討會或其他會議時遇到的人，這些人都會是你的網路成員。你的網路成員還應該包括那些你在網路中認識的人，以及與他們有聯繫的人。

西方有一句俗話說得好，每個人距離總統只有六個人的距離。你認識一些人，他們又認識一些人，他們又認識另外的一些人……這種連鎖反應一直延續到總統的橢圓形辦公室。而且，如果你距總統只有六個人的距離，你距你想會見的任何人也就只有六個人的距離，不管他是一家公司的總經理，還是你想讓其加入你的團隊中支持你的名人。

將你所有的往來名單列出來，想想你認識並且有業務往來的每個人，設計一個計畫，以最有效的方式利用你的這些資源。

雖然如此，想要建構一個良好的有用的關係網也是要大費一番心思的。以下就是構築關係網的一般步驟：

第一步是篩選。把與自己的生活範圍有直接關係和間接關係的人記在一個本子上，把沒有什麼關係的記在另一個本子上。

第二步是排序。要對自己認識的人進行分析，列出哪些人是最重要的，哪些人是比較重要的，哪些人是次要的，根據自己的需要排隊。

由此，你自然就會明白，哪些關係需要重點維繫和保護，哪些只需要保持一般聯繫和關照，進而決定自己的交際策略，合理安排自己的精力和時間。

第三步要對關係進行分類。生活中一時有難，需要求助於人，事情往往牽涉很多方面，你需要很多方面的支援，不可能只從某一方面獲得。

比如，有些關係可以幫助你辦理有關手續，有些能夠幫助你出謀劃策，有些能為你提供某種資訊。雖然作用不同，但對你都可能是至關重要的，所以一定要進行分門別類，對各種關係的功能和作用進行分析、鑑別，把它們編織到自己的關係網之中。

設計「聯絡圖」也許不難，但是把它的內容落到實處就不那麼容易了。一是要識門。也就是說，對於與自己求助的事情有重要關係的部門人員一定要清楚，熟悉他們的工作內容和業務範圍。二是要識路，也就是說，要熟悉辦事的程序，先從哪裡開始，中間有哪些環節，最後要由什麼部門決定，都應非常清楚，省得跑來跑去重複找人。

有了一張好的「聯絡圖」後，聰明的人就會懂得如何保護和維繫這張圖，使它一直有效。他應該不斷和圖上的人保持聯繫，加深彼此的相互瞭解和合作，保持舊的關係，發展新的關係，使自己的「聯絡圖」越來越豐富。

一個人託人辦事的實力和資歷，也往往顯現在這張「聯絡圖」上。有能耐的人，他這張圖的品質高、價值高。在需要託人辦事時左右逢源，無所不能。相信這樣的人也是每個人夢寐以求要做的「神通廣大」的人，你遵循以上的原則去做以後，你會發現，這樣的人離你的夢想不遠。

交朋友要有彈性

如果你很任性，你的朋友和同事中就會有很多你看不順眼的人。總之，「以惡為仇，以厭為敵」是不行的，久而久之，你會無路可走，自身也會成為眾矢之的。不任性，「不以愛惡喜厭定交往」是做人的處世金律。

所以說，交朋友要保持彈性。所謂彈性，也可以說是對人的一種容納，大部分人交朋友都「彈性不足」，因為他們交朋友有太多的原則，比如：看不順眼的不交，話不投機的不交，有過不愉快的不交……

為人處世有自己的原則，也沒有什麼不好，但問題在於原則的彈性。所謂的彈性是指沒有不能交的朋友。你看不順眼的人不一定是小人，甚至他們還有可能是對你有所幫助的人，你若拒絕他們，未免太可惜了。你會說，話不投機又看不順眼還要「應付」他們，這樣做人會太辛苦。是很辛苦，但你就是要有這樣的功夫，並且不要讓他們感覺你是在「應付」他們。要做到這些，唯有敞開心胸，別無他法。

不是敵人，就是朋友

有些人以「不是朋友，就是敵人」作為個人交往的界限和原則，這樣做會使你的敵人一直增加，朋友卻一直減少，最後讓自己孤立。應該改為「不是敵人，就是朋友」，這樣你的朋友才會越來越多，敵人越來越少！沒有永遠的敵人，也沒有永遠的朋友；敵人會變成朋友，朋友也會變成敵人，這是社會的現實。當朋友因某種緣故而成為你的敵人時，你也不必太憂傷感歎，因為有一天他有可能再度成為你的朋友！有這樣的認識，才能以平常心來交友。

和小人交往，沒有降低你的人格

或許你會覺得對於那些性格觀點不一致的人，不應該以愛惡喜厭來處理和他們的關係，但對於那些品行不太好、行為不太檢點的人時，卻總會這樣想：和他們過不去又有何妨？而且，如果和他們交往豈不是降低了自己的人格？

就感情而言，這種人的確很令你憎惡和討厭，但這不等於一定要和他們過不去，更不應該置之於死地而後快，只要他們不是諱疾忌醫、無可救藥的人，你就應該盡量和他們溝通，並滿腔熱情的接近他們、團結他們、感化他們、幫助他們。這不是降低人格，而是你具有高尚人格的表現。相反的，要是人家一有錯和不足，就把人往死裡打，往坑裡推，這不僅暴露了自己人格的低下，而且顯得心胸也太狹窄了。

放下你的身分

身分和地位是交朋友的一大障礙，也是樹立敵人的一個原因。你千萬不要以為自己是博士，就不去理會一個工人。在「交朋友的彈性」這件事上，身分、地位也會使你交不到朋友。

《禮記》中有這樣一句話：「水至清則無魚，人至察則無徒。」「完美主義」用在與人的交往上實在是不明智之舉，因為每個人都有一些缺點，你一旦盯住這些不放，就會放大了對方的這些缺點，你自己也變得愛挑剔，令對方無法容忍。試想這樣的人你會願意與他交往嗎？這種彈性不足的人，在我們生活中會經常遇到。因此，想要結交到更多的朋友，就應該多著眼於別人的優點和長處，這樣你也自然會變得寬容許多。許多看似不可交往的人，也有可能成為你的朋友。看看那些在社會上好友多多、到處吃得開的人，都是那些心胸寬廣、隨和豁達的人。

不過，有一點需要說明的是，這裡結交的朋友指的是廣義的朋友，因為普通朋友和知己還是要有所分別的，對知己可能要更「挑剔」一些，而且知己畢竟是少數。但知己也是由朋友發展而來的，泛交的朋友多多者，擁有知己的機會也會多於常人，因此無論是想擁有更多的朋友還是知己，都實在少不了掌握交友的彈性。

警惕交際危險期

在交際過程中，隨著時間的推移、交際範圍的擴大和相互瞭解的增加，人們的態度、行為方式和感覺都會有所變化。交際帶來的新鮮的快樂和甜蜜，同樣也會慢慢消逝，代之而來的是個體的差異所引起的矛盾和衝突，潛伏著危險。

我們不妨把交際過程的開始階段稱為交際「蜜月」期，在這期間，大家都有一種新鮮感，希望盡可能多的瞭解對方，並且給對方留下一個好印象，發展雙方的友誼，更有甚者還會「一見鍾情」。交際「蜜月」期的長短與交際中個人的社會成熟度、年齡、文化程度、經歷及性格有關，也與交際對象和交際環境有關。個人和交際對象的年齡越小，文化程度越低，經歷越簡單，交際「蜜月」期也會越短。

交際危險期究竟有哪些特徵表現？

首先從交際中的個人來說，此時個人對周圍的環境和交際對象已感到很熟悉了，並且已經瞭解和看到環境和周圍人的一些缺點和不足，不願再去主動注意與瞭解環境情況和交際對象的想法，開始有一種煩躁不安的感覺。這時，交際中的個人對交際環境和交際對象懷有某種無所謂的批判情緒，甚至想逃避的敵視情緒。不管處於交際的什麼時間，只要你有這些表現和感覺，你大概已經處於交際的危險期中。

其次是交際對象態度的變化。在交際「蜜月」期中，大家對你會有一種友好的關照和信任，工作上尊重你的意見，即使不同意也會耐心的解釋，每天見面總要打個招呼，談話也從來不迴避你。但過了三、四個月或六、七個月後則不再這樣，首先是對你的詢問少了，甚至每天見了面也不太樂意打招呼。許多事不再當著你的面商量，而是迴避著你。有時你會發現你出去一會兒再返回你上班的地方時，發現大家正聚在一起說話，見你來了則忽然停下來，然後慢慢散開，如果出現這種情況那就說明你的交際過程已處於相當危險狀態。在這個階段你可能會從一個或兩個人的口裡聽到這樣一類話：「你才來不久，在有些地方應該注意一下。」或是：

「大家對你有些看法，說你做得不太好」等提醒告誡之類的話。

再次就是在交際中出現問題、矛盾和衝突。這時你認為有人不喜歡你，並知道是哪些人，同樣你也不喜歡他們。在言談、工作上採取不合作態度，甚至會發生口角和衝突。這是表示處於交際危險期最明顯的特徵。

如何度過交際危險期，不外有以下幾點：

第一是泰然處之。既然危險期來了，就讓它來好了，這是一個必須有的過程和階段，大家都一樣。要做到鎮定自若，在此期間要保持與大家的正常交往，該怎麼做就怎麼做，與人交往要熱情，盡可能的幫助他人。

第二是公正待人。對周圍的每一個人都應一視同仁。即使看到不同人之間的區別，在態度上也要始終一貫，對上司不要刻意討好，要做到不卑不亢。對你願接受和不願接受的人不能表現得「愛恨分明」，盡量做到平衡。不能參與原有的派別之爭，要甘於當一個局外人。

第三是避免衝突。直接對抗和公開衝突對交際中個人形象的損害最大，一定要避免，即使別人找上門來跟你「決鬥」，你也要忍辱負重的陪笑臉，並迅速轉身走開。羅斯福曾經對手下的人說過：「我很少發火，我從不在敵人布下的陷阱上往下跳。」

第四是埋頭工作。不要向組織或個人提出什麼要求，埋頭工作、做出成績來以站穩腳跟。

這時你可能會因為交際上的不如意，而願意花費更多的時間和精力，去完成這些以前你不太樂意做的工作。有一位特別能幹的大姐曾經對筆者說過：「越是你不願意做的事，你越是要努力去做，早點做完，你就不用做了，也得到解脫。」同時也不要對他人的工作提出意見或建議，專注於你自己的事，有什麼好話不要說出來，而要做出來。

第五是私下交際。在別人不在意、不注意的情況下隨便的談談工作中遇到的一些情況和問題以及工作進展情況。只談工作，時間一般為三～五分鐘，聽完對方的意見，然後說：「不說我還真不知道，是應該這樣，我應該去做事了。」然後不動聲色的走開。

當你被大家所接受、欣賞，時常有人叫你的名字說一些無關緊要的事的時候，當你認為自己掌握一些主動權，交際過程變得自如而快樂時，就說明你已經順利的度過了交際危險期。

巧用口

求人辦事之所以難，主要是因為物質資源太少，或者套用現在流行的話說，是「硬體」不夠，就只能從「軟體」上下功夫。不是沒錢嗎，至少還有一張嘴，既然有嘴，就要善加利用，打造一張利口，它將成為你辦事時的攻堅利器。

讚美之話不可少

為人處世，有些「免費」的東西在辦事時總是要隨身攜帶的，比如說話。事實上真正討厭別人讚美自己的人幾乎沒有。而一個人如果不懂如何讚美別人，想要出人頭地那難度就可想而知了。

生活中之所以有如此多的人最終淪落平庸，一方面是因為一些人真的平庸，另一方面卻是因為有些人做事不講「手腕」，不懂恭維別人，以致懷才不遇。

曾經叱吒風雲的拿破崙，就有過這麼一段歷史。

拿破崙是非常討厭別人恭維他的。有一次，一個隨從對他說：「將軍，你最討厭別人恭維你吧！」拿破崙笑著回答：「是的，一點也不錯！」

這個隨從的恭維可謂巧妙，令被奉承的對象在感到舒服愜意的同時，還沒有感覺到，這可能是恭維的最高境界吧！

作為一個人，首先要明白一個好的人際關係對於自己是多麼的重要，而恭維別人對打造良好的人際關係又是何其重要。讚美別人，恭維別人是人際關係中至高無上的「潤滑劑」，而且這種美麗的言辭又是免費供應，如此「於人有利，於己無損而有利」的事，又何樂而不為！

讚美是一種博取好感和維繫好感最有效的方法。它還是促使人繼續努力最強烈的興奮劑，這是由人性的本能所決定的，想要求人成功就必須學會這一招。

美國一位企業家這樣形容卡內基：「他是一位會握著你的手，鼓勵你，讚美你的人。我的生活經歷中還沒有碰到一個能比得上他的人，有許多人，雖然擁有職權，但是他們沒有嘉許人的雅量，只會譏諷別人，像這樣怎麼能成就更偉大的功業？」

其實，這位企業家就是最可以體會卡內基精神的人。

有人說，在這位企業家由窮到富成長的歷程中，讚美別人已經成為一種異乎尋常的驅動工具。

把讚揚送給別人，就像把食物送給饑餓的乞丐。在許多時候，它就像維生素，是一種最有效果的食物。

有些人吝於讚美別人，是違背人性的做法，結果使對方失去了與之溝通的興趣，辦起事來往往半途而廢。

在這個社會上，會說奉承話的人都是比較有「手腕」的人，所以都比較吃香。當一個人聽到別人的讚美的話時，心中總是非常的高興，臉上往往堆滿笑容，嘴裡卻連連說：「哪裡，哪裡，我沒那麼好」，「你真是會講話！」即使他事後冷靜的回想，明知你所講的是奉承話，卻還是抹不去心中的那份喜悅。

因此，會說奉承話是辦事有「手腕」的人求人所必備的技巧，奉承話說得得體，可以輕鬆迷倒一大片，大家都高興了還有什麼事不好辦？

嘴巴可以勝過「屠刀」

辦事時，需要說服的對象有很多種，他可能是你的上司、你的顧客、你的朋友、你應聘時的主考官……在生活中，也隨時可能遇到要說服別人的情況，如果不掌握技巧，說服就難以達到理想效果，說服別人有哪些技巧？

調節氣氛，以退為進

在說服時，你首先應該想辦法調節談話的氣氛。如果你和顏悅色的用提問的方式代替命令，並且給人維護自尊和榮譽的機會，氣氛就是友好而和諧的，說服也就容易成功；反之，在說服時不尊重他人，拿出一副盛氣凌人的架勢，說服多半是要失敗的。畢竟人都是有自尊心的，就連三歲孩子也有他們的自尊心，誰都不希望自己被他人不費力的說服而受其支配。

爭取同情，以弱克強

同情弱小者是人的天性，如果你想說服比較強大的對手時，不妨採用這種爭取同情的技巧，進而以弱克強，達到目的。

善意「威脅」，以剛制剛

這是用善意的「威脅」使對方產生恐懼感，進而達到說服目的的技巧。威脅能增強說服力，但是在實際運用時要注意以下幾點：第一，態度要友善；第二，講清後果，說明道理；第三，威脅程度不能過分，否則反會弄巧成拙。

消除防範，以情感化

一般說來，在你和要說服的對象較量時，彼此都會產生一種防範心理，尤其是在危急關頭。這個時候，想要使說服成功，你就要注意消除對方的防衛心理。如何消除防衛心理？從潛意識來說，防衛心理的產生是一種自衛，也就是當人們把對方當作假想敵時產生的一種自衛心理，消除防衛心理的最有效的方法就是反覆給予暗示，表示自己是朋友而不是敵人。這種暗示可以採用許多方法來進行，比如噓寒問暖，給予關心，表示願意提供幫助……

投其所好，以心換心

站在他人的立場上分析問題，能給他一種為他著想的感覺，這種投其所好的技巧常常具有極強的說服力。要做到這一點，知己知彼十分重要，唯先知彼，而後才可以從對方立場上考慮問題。

尋求一致，以短補長

習慣於頑固拒絕他人說服的人，經常都處於「不」的心理狀態之中，所以自然而然的會呈現僵硬的表情和姿勢。對付這種人，如果一開始就提出問題，往往會遭到拒絕，而且會對你以後提出的意見設立障礙。所以，你得努力尋找與對方一致的地方，先讓對方認同你遠離主題的意見，設法引起對方與你談話的興趣，而後再想法將你的主意引入話題，最終求得對方的同意。

總之，無論你的境況如何，不要怨天尤人，你要做的就是改變你自己。打造一張利口，你同樣有與他人媲美的本事，同樣可以活得很好，同樣可以去辦很難辦的事，前提在於你能順利的運用它。

善求人先要善說話

託人辦事，先要學會說話。這裡所謂的「學會說話」是指學會說該說的話和精彩的話。開頭一句話即讓對方大為反感，別說辦事了，恐怕連門也進不了。雖然現實中這種情況很少，然而由於你所託的人往往是你所不瞭解的，如何說話才能博得對方好感，進而把事情辦成，這是非常重要的。

談話的語言要視對方的修養而選擇，做到能雅能俗，才不會話一出口即讓對方有格格不入的反感。

託人辦事，非常重要的一條是不能犯忌，如果犯了所求對象的忌諱，恐怕該成的事也難辦成了。

對性格外向、愛好交際的人，在辦公室與他們談話，一般不會有什麼副作用，而對性格內向、敏感多心的人則容易產生副作用。此時，就應該換一個環境，在室外，在院子裡隨便談心，會更容易達到說服的效果。

託人辦事時只知一味的談自己的事，不停的說「請你幫忙，請你幫忙」這類的話，會讓人感到十分的厭惡、不耐煩。

假如想把自己的請求向對方說明，就應該先擺出願意聽取對方講話的姿態來，有傾聽別人言談的誠意，別人也才會願意聽你說話。

談話的話題應該視對方的情形而定，再好的話題，若不能符合對方的需要，就無法引起對方的興趣，最好是想辦法引出彼此共同感興趣的話題，才能聊得投機，然後再設法慢慢的把話題引導進自己所要談論的範圍裡。

在日常談話中，一般人都是說些身邊瑣事，這或許是想向對方表示親切。在正式交談中，希望你不要把老婆、兒女當作談話的內容，否則不免給人娘娘腔和不務正業的感覺。

談話應先從政治、經濟等比較嚴肅的題目開始，然後再涉獵到文學、藝術、個人的興趣等比較輕鬆的話題。總之，將自己的觀念見解說出來，使得彼此都能有共同的想法，才是最好的談話。

一個善於求人的人，一定很注重禮貌，用詞考究，不致說出不合時宜的話，因為他知道不得體的言辭往往會傷害別人，即使事後想再彌補也來不及了。相反的，如果你的舉止很穩重，態度很溫和，言辭中肯動聽，雙方自然就能談得投機，求人辦事自然也易辦成。

所以，為了使對方對你產生好感，必須言語和善，講話以前先斟酌思量，不要想到什麼說什麼，這樣引起別人皺眉頭自己還不知道為什麼。那些心直口快的朋友平時要注意多培養一下自己深思慎言的作風，不可以有什麼說什麼，話不經過大腦就脫口而出，那樣會影響到自身的形象。

既然要託人辦事，大多是因為工作生活出現了困難和危機，比如說家人生病、婚姻不睦、事業不順，這些因素都會使人心力交瘁，喪失信心，不僅影響情緒，而且影響和周圍人的交往。在處於情緒低潮時，自然希望別人能給予關懷，伸出援助之手。但千萬要記住，不要把過度沮喪的情緒帶到別人面前。託人辦事，總是一副哭喪臉，會使人感到晦氣。

既然生活中的人有各種類型，你在辦事時就會碰到各種情況，以及各種尷尬的場面，如何說話就成為你是否高人一籌了，也是決定著你是否能成功辦成一件事情的關鍵。

要會沒話找話

在辦事過程中，談話的時候要善於尋找話題。有人說：「交談中要學會沒話找話的本領。」所謂「找話」就是「找話題」。寫文章，有了好題目，往往會文思泉湧，一揮而就；交談，有了好話題，就可以使談話融洽自如。好話題，是初步交談的媒介，深入細談的基礎，縱情暢談的開端。好話題的標準是，至少有一方熟悉，能談；大家感興趣，愛談；有展開探討的餘地，好談。

怎麼才能找到這樣的話題？

中心開花

面對眾多的陌生人，要選擇眾人關心的事件作為話題，把話題對準大眾的興奮中心。這類話題是大家想談、愛談、又能談的，人人有話，自然能說個不停了，以致引起許多人的議論和發言，導致「語花」四濺。

即興引入

巧妙的借用彼時、彼地、彼人為題，藉此引發交談。有人善於藉助對方的姓名、籍貫、年齡、服飾、居室等，即興引出話題，常常能取得很好的效果。「即興引入」法的優點是靈活自然，就地取材，其關鍵是要思維敏捷，可以進行由此及彼的聯想。

投石問路

向河水中投塊石子，探探水的深淺再前進，就能有把握的過河；與陌生人交談，先提一些「投石」式的問題，在略有瞭解後再有目的的交談，就可以談得更為自如。如在聚會時見到陌生的鄰座，就可以先「投石」詢問：「你和主人是同事還是同學？」無論問話的前半句對，還是後半句對，都可循著對的一方面交談下去；如果問得都不對，比如對方回答說是同事，也可以找到一個新的藉口談下去了。

循趣入題

問明陌生人的興趣，循趣發問，能順利的進入話題。如果對方喜愛象棋，就可以以此為話題，談談下棋的情趣，車、馬、炮的運用。如果你對下棋略通一二，肯定能夠談得投機。如果你對下棋不太瞭解，那也是一個學習機會，可以靜心傾聽，適時提問，藉此大開眼界。

引發話題的方法很多，諸如「借事生題法」、「即景出題法」、「由情入題法」。可以巧妙的從某事、某景、某種情感，引發一番議論。引發話題，類似「抽線頭」、「指路標」，重點在引，目的在於導出對方的話題。

縮短距離

託陌生人辦事時，必須在縮短距離上下功夫，力求在短時間內瞭解到更多的情況，縮短彼此的距離，力求在感情上融洽起來。孔子說：「道不同，不相為謀。」志同道合，才能談得攏。我們常說「一見如故」，陌生人要能談得投機，要在「故」字上做文章，變「生」為「故」。這裡也有許多方法：

■**適時切入**。不放過應該說話的機會，適時插入交談，適時的表現自我，爭取可以讓對方充分瞭解自己。

交談是雙邊活動，光瞭解對方，不讓對方瞭解自己，同樣難以深談。陌生人如能從你切入式的談話中獲取教益，雙方就會更加親近。適時切入，能把你的知識主動有效的獻給對方，更符合交際上的互補原則，可為交談雙方奠定「情投意合」的基礎。

■**借用媒介**。尋找自己與陌生人之間的媒介物，以此找出共同語言，縮短雙方距離。如見一位陌生人手裡拿著一樣什麼東西，可以問一下：「這是什麼？看來你在這個方面是一個行家。正巧我有一個問題想要請教你。」對別人的一切顯出濃厚的興趣。透過媒介物引發他們表露自我，交談也會順利進行。

■**留有餘地**。留些空缺給對方，會使對方感到雙方的心是相通的，交談是和諧的，進而縮短彼此的距離。因此，和陌生人的交談，千萬不要把所有的話都講完，把自己的觀點講死，應該虛懷若谷，歡迎探討。

在辦事時，最重要的是要打開局面，假若兩個人都僵在那裡，對於辦事來說，肯定不利。而一旦掌握沒話找話的本領後，你就會變成一個說話高手，你就可以利用你的利口去攻破對方所設下的堡壘，順利達到自己的目的。

靠口才打天下

求人有多種的方式，其中很大部分是由口頭提出的。人們不難發現，同樣的請求內容，不同的人，用不同的方法和語言表達出來，得到的結果常常是不一樣的。怎樣才能使被求者樂意答應自己的請求？

求人時，語言要做到誠懇、禮貌，不強加於人（有時還需要委婉）。所謂誠懇是指要讓被請求者感到你是發自內心的求助於他，進而考慮你的請求。這是求人幫忙的先決條件。

說話準確、流暢、生動，是衡量一個人思維能力和表達能力的基本標準，也是求人辦事恰到好處的最基本因素。更重要的是，語言能力是提高自信心的強心劑。一個人如果能把自己的想法或願望清晰、明白的表達出來，其內心一定具有明確的目標和堅定的信心，同時其充滿信心的話語還會感染對方，吸引對方的注意力。

一個人求人辦事是否成功，往往決定於他的語言！當一個人和別人接觸的時候，有四件事情最容易被人評估價值：那就是他所做的，他的面貌，他所說的話，他是怎樣說的。可惜許多人離開學校以後，為了許多繁忙的瑣事，竟然使他們忘了最重要的事，缺少時間去鍛鍊他們的說話水準，甚至不肯花費一分鐘的時間去設想一下如何充實自己的詞句？如果是這樣，還如何能使自己講話準確清晰？

在求人辦事中說錯一句話，或僅僅是說錯了一個詞，也許就註定你的這件事是一個失敗的結果！可是，很多人卻始終認識不到這一點，總是以為錯在其他地方，沿著錯誤的道路一直跑下去，結果越跑越遠。當他最終發現自己真正的錯處所在時，可惜為時已晚。這樣的遺憾決不能在你的身上上演！

戰國時代，群雄並起。蘇秦、張儀曾經在著名的謀略大師鬼谷子門下苦學多年。兩人賣力苦讀，並非要救亂世黎民於水火之中，而是只為自己能有出頭之日，憑藉三寸不爛之舌獲取榮華富貴。

蘇秦學成以後，就選擇了秦惠王作為自己說服的第一個對象。

繼承王位不久的秦惠王接見了蘇秦。見面後，蘇秦便滔滔不絕，口若懸河，向秦王點明天下大勢，極力慫恿秦王憑藉秦國強大的力量和優越的地理優勢，發動戰爭，統一天下。然而，秦惠王對蘇秦的談論不心動，他婉言回絕了蘇秦的空頭理論，認為秦國統一天下為時尚早。

接下來，蘇秦先後十次上書秦王大談強大武力是通向和平道路的基礎。只是秦惠王絲毫不為所動，他只是把蘇秦視為只會高談闊論、華而不實的小人物。蘇秦只好打道回府。回家後，他又飽受家人的百般恥笑。這使得他決心一切從零開始，發憤讀書，將各國之間的利害關係悟透。他日夜苦讀《陰符經》，揣摩其中博大精深的謀略，並且與當時七國的各種利害衝突統合起來研究。一年後，蘇秦對時局已經瞭若指掌，就制定許多針對時勢的戰略。

蘇秦再度出山，他首先跑到弱小的燕國，向燕文侯提出使燕國強大的方針政策，並強調唯有齊楚燕韓趙魏六國合縱聯手，才可以消解強秦之威脅。

燕文侯對蘇秦的觀點十分讚賞，資助他車輛與金帛讓他前去遊說趙國。在趙國，蘇秦的一番理論亦使趙王茅塞頓開，大喜過望。他馬上封蘇秦為武安君，並賜豪華車輛一百輛，白璧百雙，黃金萬兩及數不清的綾羅綢緞，讓他帶著去向其他的國家宣揚「合縱術」，聯合起來抗擊秦國。

由此，蘇秦開始威風凜凜的周遊列國，「以三寸之舌為帝王之師」，說得韓魏楚齊各路諸侯怦然心動，趨之若鶩，言聽計從。很快，蘇秦便取得了六國相印！蘇秦執政的十五年間，秦國的軍隊不敢踏出函谷關往東一步。

蘇秦身佩六國相印時，張儀正處於遊手好閒的狀態。一天，他到楚相國家裡去做客，不巧相國家裡丟失了貴重的白璧，相國的爪牙見張儀賊頭賊腦四處張望，懷疑是他偷了白璧，就把他捆起來打了個半死，扔到野外。張儀被打得迷糊了，聽見老婆大哭之聲，便忍住劇痛問老婆：「我的舌頭打壞了沒有？」老婆哭著回答：「你的舌頭尚完好無損。」他便高興的安慰老婆：「好，只要舌頭還在，我就一定會有出頭之日的。」

權衡一番後，張儀決定投奔已經位高權重的老同學蘇秦，先獲一官半職，再徐圖發展。蘇秦知道張儀要來十分高興，他正要找人幫助自己完成一個大戰略，而才學勝於己的張儀是最理想的人選。原來，蘇秦知道，由自己作相的「六國」是一個花架子，各國都以自己的利益為重，很難真的聯為一體，秦國的強勢被壓制後，六國沒有了危機，他們之間肯定要發生內訌，合縱術很快就會失去效用，那時諸侯們就不會再聽他的擺布了。蘇秦決定派遣張儀去秦國替自己臥底。為了利用張儀達到自己的目的，他想出了一個方法。他故意很冷淡的接待了張儀，態度很傲慢。吃飯時，蘇秦在殿堂上大宴賓客，卻安排張儀獨坐一角。蘇秦的宴席上擺滿了山珍海味，張儀桌上只有可憐的兩道小菜。飯後，張儀向蘇秦說明此行的目的，蘇秦很不耐煩的要他等待機會。看到蘇秦不顧同學情誼，如此冷落自己，張儀難受極了，陡然間恨起了蘇秦。他發誓要與蘇秦唱反調，為秦國出謀劃策破壞掉蘇秦的合縱戰略。當然，張儀只有到秦國去謀發展，因為其他六國都在蘇秦掌握之中。

可是張儀窮困潦倒，怎樣才能去遙遠的秦國？天無絕人之路，一位腰纏萬貫的人找到張儀，說張儀相貌不凡貴氣逼人，此去秦國必能成功，他願意資助張儀，並且親自陪他跑一趟。張儀的舌上功夫本來就遠在蘇秦之上，而見秦王後，他旁徵博引的點明了當時列國間利害衝突的要害所在，措辭激烈的批評了秦國的內政外交，最後獻上了破除六國合縱戰略的策略，即遠交近攻的連橫戰略。正苦於找不到對付六國合縱方法的秦王，聽了張儀一席指點迷津的話後，大有相見恨晚的感覺，立刻封了他當秦國的要職，很快又升其為相國。

看到張儀已經飛黃騰達，資助者便前來向他告別。張儀驚訝的說：「我張儀能有今天，全賴你的幫助，如今正要重重回報，怎麼你就要走了？」那個人笑著說：「資助你的人不是我而是蘇相國，他認為你是天下少有的賢士，卻又怕你樂於小利，因此故意激發你的鬥志。希望你掌握秦國的大權後，威脅六國但又不發動強大的攻勢，使合縱戰略得以維持。這樣你就算回報蘇相國了。」

張儀此時方明白，一切都是蘇秦的安排。於是，他對那個人說：「請你替我感謝蘇相國的恩典，有他在一天，秦國就不會真止的去破壞合縱戰略。」

古人云：「木秀於林，風必摧之。」後來，蘇秦得罪的人非常多，有一些人恨不得他馬上就死去。終於有一天，齊國一位對「花言巧語」的蘇秦恨之入骨的大臣，暗地裡收買了刺客，對蘇秦實施了刺殺行動。蘇秦身負重傷，臨死前他告訴齊王：「我死後要對屍體進行車裂，並宣布我是一個大壞蛋，是燕王派到齊國來臥底的。如果我死了，齊國就安定了，誰刺殺了我將受到重賞，這樣做就可以抓住兇手了。」齊王就照著蘇秦的話去做，刺殺的主謀大臣果然跑來領賞，齊王於是就把他抓住殺了，替蘇秦報了仇。

蘇秦死後，張儀卻在秦國的政治舞台上活動了很多年，為秦王出了很多主意。後來他代表秦國出使列國，把六國之間的關係弄得矛盾重重，使得六國紛紛刀戈相向，而秦國則乘機坐收漁翁之利。戰國後期失去了蘇秦的六國，其貌合神離的合縱戰略，很快宣告失敗。

戰國的局勢，就這樣被蘇秦、張儀的兩條舌頭，顛來倒去擺布了十幾年。

蘇秦、張儀起初也是白手起家，之所以能有那麼大的成功，僅僅靠的是他們的口才，由此可知一句話「以口才打天下」並非虛言。

打動人的妙語

一個會說話的人，總可以流利的表達出自己的意圖，也能夠把道理說得很清楚、動聽，使別人很樂意接受。有時候還可以立刻從問答中測定對方言語的意圖，並從對方的談話中得到啟示，增加自己對於對方的瞭解，進而達到辦事的目的。不會說話的人，不僅不能完整的表達出自己的意圖，往往還會使對方費神去聽，又不能使他信服的接受。

有一個理髮師傅帶了一個徒弟。徒弟學藝三個月後，這天正式上陣，他給第一位顧客理完髮，顧客照著鏡子說：「頭髮留得太長。」徒弟不語。師傅在一旁笑著解釋：「頭髮長，使你顯得含蓄，這叫藏而不露，很符合你的身分。」顧客聽罷，高興而去。

徒弟給第二位顧客理完髮，顧客照照鏡子說：「頭髮剪得太短。」徒弟無語。

師傅笑著解釋：「頭髮短，使你顯得有精神、樸實、厚道，讓人感到親切。」顧客聽了，欣喜而去。

徒弟給第三位顧客理完髮，顧客一邊交錢一邊笑道：「花時間挺長的。」徒弟無言。

師傅笑著解釋：「為『首腦』多花一點時間很有必要，你沒聽說：進門蒼頭秀士，出門白面書生？」顧客聽罷，大笑而去。

徒弟給第四位顧客理完髮，顧客一邊付款一邊笑道：「動作挺利索，二十分鐘就解決問題。」徒弟不知所措，沉默不語。

師傅笑著搶答：「如今，時間就是金錢，『頂上功夫』速戰速決，為你贏得了時間和金錢，你何樂而不為？」顧客聽了，歡笑告辭。

晚上打烊，徒弟怯怯的問：「你為什麼處處替我說話？反過來，我沒有一次做對過。」師傅寬厚的笑著說：「不錯，但是每件事都包含著兩重性，有對有錯，有利有弊。我之所以在顧客面前鼓勵你，作用有二：對顧客來說，是討人家喜歡，因為誰都愛聽好話；對你而言，既是鼓勵又是鞭策，因為萬事開頭難，我希望你以後把工作做得更好。」

美國總統林肯幾乎沒受過什麼正規教育，而且從小家庭貧困，生活艱苦，更別提什麼家庭背景了。可是他卻成功的成為了美國著名的總統之一，為什麼？絕佳的溝通能力和說話技巧，幫助他呈現出足夠的個人魅力，是他成功的重要原因。

林肯為後人留下許多言行典範，以下的例子即敘述他如何以實話實說、單刀直入的談吐，反而贏得了別人的信賴。

林肯在二十八歲的時候來到一個陌生的小鎮，成立了法律事務所。

剛成立這家事務所的時候，他連吃飯都成問題，當然沒有能力找一個像樣的家，每日工作結束，就在狹窄的事務所裡打地鋪。

有一天，他在鎮上散步，逛到了一家家具店裡。他用手觸摸著柔軟的寢具，心想如果能有像樣的寢具該多麼美好啊！

店主走過來對他說：「這套寢具只賣十七美金。」

林肯笑了笑，很誠懇的說：「雖然是很便宜，但是可惜我的錢不夠。我在鎮上開了家律師事務所，這是我的名片。如果我買下這套寢具，能否請你讓我賒帳到耶誕節為止？如果我在這裡能夠做得成功，就一定會付清這筆款項，可是如果我不幸失敗了，則永遠也無法還錢了。」

老店主見到這個年輕人這麼誠懇實在，對他也很有好感，就對他說：「我樓上的寢室裡有一張大雙人床，如果你不嫌棄……」

一句話還沒有說完，林肯已經蹦跳到了二樓，並且在樓上大喊：「謝謝你！我終於找到可以好好睡覺的地方啦！」

總有一些人抱怨自己沒有高學歷，也沒有好背景，懷疑自己憑什麼可以成功，可是有非常多的成功者也沒有很高的學歷和很顯赫的背景，卻成功了。這些人的成功是值得人們去探討，去研究和思考的。

交談的七個秘訣

與人談話，是一件容易事，也是一件難事。說它容易，是因為只要你表現出足夠的誠意，再多用點美好的語言，就會使談話朝好的方向發展下去，一般都不會有什麼大的失誤；說它難，是因為如果你要達到一定的目的，就需要一些功夫，並且還要注意以下的一些事項：

交談時要放鬆情緒

約翰·墨菲指出：「我們不要硬是從頭腦中榨出一些名言警句。當我們放鬆下來的時候，很多妙語就會自然而然的產生出來……」甚至在最具刺激性的談話中，也有五〇%的內容是沒什麼意義的。只有經過一段加熱過程，思想的車輪才能轉動起來。

使你的交談變得豐富

不要期望對方一開始就熱情高漲，善言者總是等到對方變得熱心以後，才試圖從他們那裡引導出一些有趣的話題。例如，他們會先問：請問你尊姓大名？你是哪裡人？你準備在這裡待多久？以激起對方的談話興趣。誰關心這些？你也許會這樣問。誠然，這些問題似乎沒有任何風采和智慧可言，但它們的確能使交談啟動起來。

保持談話順利進行

成為一位出色的交談家，不在於你有多聰明，或者有多少傳奇性的經歷，而在於啟發、誘導別人講話。值得一提的是，「你」在談話中是一個前進的訊號，而「我」則是一個停止的訊號。要設法把話題引向對方的興趣點，多用「為什麼」、「哪裡」、「怎麼樣」。

談話切忌以自我為中心

無可否認，人們總是對自己的工作、家庭、理想表現出濃厚的興趣。其實，即使像「你從哪裡來」這個簡單的問題也說明你對別人感興趣，結果會使別人也對你產生興趣。但是你千萬別像一位年輕的劇作家那樣，跟他的女朋友談論了自己的劇本兩個小時後，接著說：「有關我已經談得夠多了，現在來談談你吧！你認為我的劇作會怎麼樣？」

什麼時候談論自己？

有人要求你講自己的時候，不要守口如瓶的拒絕。稍微告訴對方一點你的情況，他會感到十分榮幸，因為你是用非常友好的態度與他交談。

使用「我也」這個字眼

如果他說：「我是在農村長大的。」你最好回答：「我也是。」或多少講一點你有關農業方面的知識和經驗，這會讓他感到很親切。

如果他說：「我喜歡吃冰淇淋。」恰好你也有同樣的愛好，一定要想辦法告訴他。

忌取笑、逗弄或諷刺

逗弄和取笑會觸痛別人的自尊，而威脅他人自尊的任何事情都是危險的，即使在玩笑中也是如此。民意測驗的結果顯示，人們不喜歡被取笑，即使是他們的親朋好友。只有在非常親密的朋友之間，才可以開一些充滿善意的玩笑，因為他們是不會追究那些無關緊要的小事的。如果別人非常瞭解你，非常喜歡你，你也可以與他開個玩笑，但千萬別開得過了頭。

從生活中累積經驗

許多人以為口才只是口上之才，他們以為口才好的人，只是因為他們很會說話，而自己卻是不會說話的。他們看見許多口才好的人什麼都可以說，而自己卻是不會說話的。他們總認為許多口才好的人什麼都可以說，談什麼都很動聽，只是因為他們的口齒伶俐。這種看法是片面的、膚淺的。

口才的能力有賴於相當的訓練，但口才的實際基礎卻是建立在他們善於思考，善於觀察，興趣廣泛，知識豐富，以及強烈的好奇心和責任心。沒有上述所列舉的基礎，只是口齒伶俐，也不可能成為一個口才好的人。

一個口才好的人，必須經常的在觀察和思考上下功夫。他們不斷的擴充他們的興趣，累積他們的知識，培養他們的興趣和責任心。他們談話的題材源泉，是非常充實的，但是你呢？是不是每天看報紙？你看報紙的時候，是不是只看看明星版和娛樂消息而已？是不是同時也很注意重要的國際及本地的新聞？你是不是很留心的去選擇有意義的精彩的電影和表演？是不是看表演和電影時，集中精神的去欣賞它們，而不是坐在戲院裡打瞌睡？

深入生活

生活是語言最豐富的源泉。要使自己的語言豐富起來，一個閉門造車，與外面世界沒有接觸的人，是很難如願的。

擴大知識面

知識貧乏是造成語言貧乏，特別是辭彙貧乏的一個重要原因。如果《紅樓夢》的作者曹雪芹沒有相應的辭彙來描寫賈府上上下下的規矩、內內外外的禮數，王熙鳳的潑辣、幹練、狠毒性格就肯定難以惟妙惟肖；如果《水滸傳》的作者不懂得江湖勾當，不懂開茶坊的拉線、收小、說風情，及趁火打劫的各種口訣，他就不可能把那個成了精的虔婆王乾娘刻畫得繪聲繪色，口才是要建立在相當的知識基礎上才行。

詞語是社會生活最敏感的反應器，新詞爆炸反映了新生事物的層出不窮，反映了我們當今社會在改革大潮中的迅猛發展，反映了我們當今生活在開放洪流中的日新月異，我們對這些新詞語應及時掌握，學會運用。

你能夠熟練的運用和掌握語言去為自己增光添彩時，你就會明白，你的這些功夫沒有白費，你也會為你又增添了一種新本領而欣喜不已。當然不僅僅止於此，其中的好處需要你去慢慢體會。

第二章

沒有權，要怎麼辦事？

掌心理

你以一個窮人的身分去找一個有權的人辦事時，你是看到他就驚慌失措，還是倍感拘謹？當你這樣表現的時候，你的事情已經失敗了一半。因為你已經在他的眼中留下不佳的最初印象：你不是一個有能力的人。

你首先應該做的是揣摩對方的心理，從一些外在表現上去認識和瞭解對方，摸清對方的真正想法，進而以合適的方法去求他辦事，這才是正確的求人之道。

揣摩心理，量體裁衣

你想求別人辦事，就得揣摩對方的心理，看看對方願不願意幫你，能幫到什麼程度，假如對方根本無法完成此任務，你求他也是白求。

揣度對方心理是求別人辦事的一條秘訣。

你可以透過對方無意中顯示出來的態度，瞭解他的心理，有時能捕捉到比語言表露更真實、更微妙的思想。

例如，對方抱著手臂，表示在思考問題；抱著頭，表示一籌莫展；低頭走路、步履沉重，說明他心灰氣餒；昂首挺胸，高聲交談，是自信的流露；女性一言不發，揉搓手帕，說明她心中有話，卻不知從何說起；真正自信而有實力的人，反而會探身謙虛的聽取別人講話；抖動雙腿常常是內心不安、苦思對策的舉動，若是輕微顫動，則可能是心情悠閒的表現。

人們在習慣性動作上，會洩露出自己的內心世界。例如在抽煙的姿態上，往往可以洞察對方的心理。

用食指和中指拿香菸：為人消極而有些神經質，特別愛乾淨，有些女人氣，對小事很操心。這種人決斷力不強，儘管有很好的構想，但缺乏積極性。

把香菸夾在靠近食指和中指的指根：為人積極，做事乾淨利索，隨心所欲，富有男子氣概。他想做的事，總是盡力去做，而且愛幫別人忙，很得周圍人的信任。但這種人往往樹敵很多，而且只要遭到一次失敗就會失去自信，走向極端，自暴自棄。

把香菸放在大拇指與食指中間的人（手心向外）：有什麼說什麼，不善於隱藏，善於社交，與什麼人都談得來，而且很投機。可惜說起來頭頭是道，做起來卻缺少積極的熱情，所以

窮人反而好辦事

常常是半途而廢。心腸很軟，極富同情心，但嘴不嚴。

用拇指與食指夾香菸的人（手心向裡）：處處抱有攻擊性，處世的警覺性很高。在他人面前很少說真心話。性格強硬，但是高興的時候多少會有些改變。一旦下決心做一件事，就會義無反顧，而且態度十分謹慎，從計畫到實行要花很長時間。

把香菸吊在嘴邊的人：不論什麼事，也不論這件事是否與他有關，他都會插嘴，惹麻煩。而且神經兮兮，做事缺少考慮，容易輕信他人，時常上當。從外表看，做人非常積極，像是一個說得到做得到的人，可是經常說出不切實際的意見，容易犯錯。

夾香菸時張著手：是一個精神不安定、始終處在煩惱中的人。身體不太健康，所以做起事來不太順手，因此就顯得性急。

總之，無論遇上一個什麼樣的人，你要做的就是先揣摩對方的心理，以求盡快能夠獲得對方的一些資訊，進而找到「下手」的點，以使「攻」下對方。

當然，對請託對象的瞭解，不能停留在靜觀默察上，還應主動偵察，採用一定的偵察對策，去激發對方的情緒，才能夠迅速準確的把握對方的想法和動態，進而順其思路進行引導，這樣的會談易於成功。

針對不同的辦事對象，談話或請託應該注意以下差異：

■**性別差異**。男性需要採取較強有力的勸說語言，女性可以溫和一些。

■**年齡差異**。對年輕人應該採用煽動性的語言；對中年人應該說明利害，供他們斟酌；對老年人應該以商量的口吻，盡量表示尊重的態度。

■**職業差異**。要運用與對方所掌握的專業知識較緊密的語言與之交談，這有利於增強對方對你的信任感。

對不同類型的人說不同的話，才能達到最好的辦事效果。

求他人辦事要看對方的層次。埋頭做事者常常是事業心很強或對某事很感興趣的人，一旦開始做事，便全身心投入，不願再見他人。這種人往往惜時如金，愛時如命，鐵面無情。要敲開這種人的門，首先不要怕碰「釘子」，還要有足夠的耐性，並且要善於區分不同情況，或硬纏或軟磨，直至達到目的。

當你去求人辦事時，首先要摸清對方的心理。在摸清對方的心理後，再委婉的提出請求。求別人辦事的規律是：央求不如婉求，勸導不如誘導。在運用這個策略的同時，要注意的是：誘導別人參與自己事情的時候，應該首先引起別人的興趣。

當你要誘導別人去幫你辦一些很容易的事情時，先得給他一點小勝利。當你要誘導別人幫你辦一件重大的事情時，你最好給他一個強烈刺激，使他對做這件事有一個要求成功的希求。

在此情形下，他的自尊心被激起來了，他被一種渴望成功所刺激著。於是，他就會很高興的為了愉快的經驗再嘗試一下了。

總之，必須引起他人對你計畫的熱心參與，誘導他們嘗試一下，而這首先要從揣摩清楚對方的心理入手，然後再量身裁衣，選好時機和話題，逐步引導到你想求辦的事情上。

辦事要因人而異

人是辦事的直接對象，也是事的主體，沒有人的存在，就談不到事。而且，每個人的個人品格、想法都不一樣，人們在辦事的時候牽涉到的人也各有不同，如果你明白了對方是哪個類型的人，應付起來就會比較容易，這就是因人而異。常言道，到什麼山唱什麼歌，見什麼人說什麼話。如果你瞭解以下這七種類型的人的心理，你就明白了與這些類型人打交道時應該如何辦事。

死板的人

這種類型的人，就算你很客氣的和他打招呼、寒暄，他也不會做出你所預期的反應。他通常不會注意你在說些什麼，甚至你會懷疑他聽進去沒有。

和這種人交際，剛開始多多少少會感覺不安，但這實在也是沒辦法的事。遇到這種情況，你就要花一些時間，仔細觀察、注意他的一舉一動，從他的言行中，尋找出他所真正關心的事來。你可以隨便和他閒聊，只要能夠使他回答或產生一些反應，事情就好辦了。接下去，你要好好利用此話題，讓他充分表達自己的意見。

傲慢無禮的人

有些人自視清高、目中無人，時常表現出一副「唯我獨尊」的樣子，像這樣舉止無禮、態度傲慢的人，實在叫人看了生氣，是最不受歡迎的典型。但是，當你不得不和他接觸時，你要如何對付他？

對付這個類型的人，人際關係專家以為說話應該簡潔有力才行，最好少跟他囉嗦，所謂「多說無益」。因此，你要盡量小心，最好在不得罪對方的情況下，言辭盡可能「精簡」。

沉默寡言的人

和不愛開口的人交涉事情，實在是非常吃力的；因為對方太過沉默，你根本無法瞭解他的想法，更無從得知他對你是否有好感。

筆者曾經遇到一位新聞記者，他為人沉默寡言，根本就不像是一個記者。不論你和他說什麼，他總是沉默以對，你真是拿他沒辦法。當有人給他介紹廣告客戶時，他也只是淡然的說一聲：「喔！是這樣啊。」然後手持對方名片，呆呆的看著。

對於這種人，你最好採取直截了當的方式，讓他明確表示「是」或「不是」，「行」或「不行」，盡量避免迂迴式的談話。

深藏不露的人

我們周圍有許多深藏不露的人，他們不肯輕易讓人瞭解其心思，或是知道他們在想些什麼，有時甚至說話不著邊際，一談到正題就「顧左右而言他」。

雙方進行交涉，其目的乃在瞭解彼此情況，以使任務圓滿達成。因此，經常挖空心思去窺探對方的情報，期待對方露出他的「廬山真面目」來。

但是，當你遇到這麼一個深藏不露的人時，你只把自己預先準備好了的資料拿給他看，讓他根據你所提供的資料，做出最後決斷。

草率決斷的人

這種類型的人，乍看好像反應很快：他常常在交涉進行到最高潮時，忽然做出決斷，予人「迅雷不及掩耳」的感覺。由於這種人多半是急性子，因此有時候決定就會顯得隨便而草率。

冥頑不化的人

頑強固執的人是最難應付的，因為無論你說什麼，他都聽不進去，只知堅持一己的意見，死硬到底。跟這種頑固份子交手，是最累人且又浪費時間的，而且結果往往徒勞無功。因此，在你和他交涉的時候，千萬要記住「適可而止」，否則談得越多、越久，心裡越不痛快。

對付這種人，你不妨及時抱定「早散」、「早脫身」的想法，隨便敷衍他幾句，不必耗時自討沒趣。

行動遲緩的人

對於行動比較緩慢的人，最是需要耐心。

與人交際時，可能也會經常碰到這種人，此時你絕對不能著急，因為他的步調總是無法跟上你的進度，換句話說，他是很難達到你的預定計畫的。所以，你最好按捺住性子，拿出耐心，盡可能配合他的情況去做。

此外，應該注意的是：有些人言行不一致，他可能話語明快果斷，但是行動未必符合。

攻破對方的心理防線

求別人辦事時最大的一個難題就是如何才能攻克對方的心理防線，消除對方由於對你的誠意表示懷疑而產生的戒備。否則，這道防線將像一道牆，使你的話說不到他的心裡，甚至產生反感。

如何才能攻破對方的心理防線？當然，方法不會是一成不變的，因為人與人有差異，沒有什麼通用的方法。具體說來，有以下幾種方法：

利用同步心理

什麼是同步心理？同步心理就是，凡事想跟他人同步調、同節奏，也就是「追隨潮流主義」，是那種想過大多數人嚮往的生活、不願落於潮流之後的心理。正是由於這種心理的存在，那種不顧自身財力、精力而豁出去做的念頭，就很容易乘虛而入，支配人們的行為，導致人們盲目做出與他人相同的舉動。

通常人們在受到這類刺激以後就很容易變得沒主見，掉入盲目附和的陷阱中。所以，推銷員或店員經常會搬出「大家都在用」或「有名的人也都用」等推銷話語，促使人們毫不猶豫的接受。

利用抗拒心理

別人告訴你「不准看」時，你就偏偏要看，這就是一種「抗拒心理」。這種欲望被禁止的程度越強烈，它所產生的抗拒心理也就越大。所以如果能善於利用這種心理傾向，就可以將頑固的反對者軟化，使其固執的態度做出轉變。

如果在說服對方的時候，劈頭就說「你這樣做不對」，對方一定會反感的說：「不，我絕對沒有錯。」但如果採取讓步的姿態說「也許我也有錯」時，對方的抗拒心理」也許就會產生作用，他會說：「不，沒那回事，其實我也有錯。」如果說「你確實是不對的」這樣的話，通常會使對方產生一種潛在的反感心理，而當對方有了這種心理時，就只能放棄求他的念頭了。

富蘭克林曾經在自傳中提到有關利用「抗拒心理」的論述，也就是「在求助於別人時，首先必須非常穩重的敘述自己的意見，然後附帶的說：『這只是我的觀念，也許是有錯的。』如此一來，對方就會視你的意見為自己的意見，甚至當你表現出猶豫不決時，他還會反過來懷疑你。」

投其所好，誘對方心動

想要通融事，必先通融人。不先把人搞定，就無法把事搞定。而搞定人的方法有很多，「投其所好」就是最有效的方法之一。俗話說：「不怕對方不上套，就怕對方沒愛好。」

世上所有的事情都是由人辦的。所以，與其苦心的考慮事情，不如盡心竭慮的理解人。把人搞明白了，事情也就搞清楚了，把人搞定了，事情也就搞定了。

戰國時期的張儀，學了一套「縱橫術」，帶了幾個鄉人到楚國去求富貴。但事與願違，在楚國窮困得無以維生，生活異常拮据，同去的人挨不下去了，便怨氣衝天，都嚷著要回家去。

張儀說：「你們是不是因為窮了，享受不到什麼快樂就要回去？這樣吧！再挨幾天，不是我誇口，只要見到楚王之後，我保管大家吃喝不愁，否則你們可以敲碎我張儀的門牙！」

那個時候，楚王正寵愛著兩個美人，一個是南后，一個是鄭袖。

張儀那天見到了楚王，楚王十分不高興。張儀就說：「我到這裡很久了，大王還不給我一點事做。如果大王真的不想用我，請允許我離開這裡，去晉國跑一趟，到那邊碰一碰運氣！」

「好吧！你只管去吧！」楚王巴不得他趕快離開，便一口答應。

「當然，不管那邊有沒有機會，我還是要回來一次的。」張儀說，「但請問大王，需要從晉國帶回什麼嗎？譬如那邊的特產，你若喜歡，我可以順便帶一些回來。」

楚王冷冷的掃了他一眼，淡淡的說：「金銀珠寶、象牙犀角，本國多的是，對於晉國的東西，沒什麼可稀罕的。」

「大王就不喜歡那邊的美女嗎？」這句話像電流一樣擊中楚王，他眼睛一亮，連忙問：

「什麼？你說的是什麼？」

「我說的是晉國的美女。」張儀一本正經的說，還做起手勢向楚王解釋，「那真是妙呀！漂亮極了！晉國的女人，哪一個不似仙女一樣？粉紅的臉頰，雪白的肌膚，頭髮黑得發亮，走起路來如風吹楊柳，說話嬌嬌滴滴，簡直比銀鈴還清脆。正所謂比花花枯謝，對月月無光，雲鬢壓衡嶽，裙帶繫湘江……」

這席話引得楚王的眼珠一直跟著張儀的手勢轉，連嘴巴也合不上。「對！對！對！本國是一個荒僻地區，我從未見過晉國的那些小娃兒，你不說，我倒忘了，你就給我去辦，多帶一些名貴的特產回來吧！」

「不過，大王，沒貨款辦事可就難了。」

「那還用說，貨款是少不了的。」楚王立即給了張儀很多銀子，讓他盡快去辦。

張儀領到銀子後，又故意把這消息傳開，直傳到南后和鄭袖的耳朵裡。兩個人一聽，大為恐慌，連忙派人去向張儀疏通，告訴他說：「我們聽說張先生奉楚王之命到晉國去買特產，特地送上盤纏，給先生作為路費！」因此，張儀又刮了一把。

張儀要去晉國了，他在向楚王辭行時，裝出依依不捨的樣子，說：「我這次到晉國，路途遠，交通不便，不知哪一天可以回來，請大王賜我幾杯酒，給我壯壯膽吧！」

「行，行！」楚王客氣的叫人賜酒給張儀壯膽。

張儀飲了幾杯，臉紅起來，又裝模作樣的拜請楚王，說：「這裡沒有別的人，敢請大王特別開恩，叫最信得過的人出來，親手再賜我幾杯，給我更大的鼓勵和勇氣。」

「可以，不成問題，只要你能早日完成你的使命！」

楚王看在「特產」份上，特別把最寵愛的南后和鄭袖請了出來，輪流給張儀敬酒。

張儀一見，連酒都不敢飲了，「撲通」一聲跪在楚王面前，說：「請大王把我殺了吧！我欺騙大王了。」

「為什麼？」楚王驚訝不已。

張儀說：「我走遍天下，從未見到有哪個長得比大王這兩位貴妃漂亮的。過去我對大王說過要去找『特產』，那是沒有見過貴妃之故，現在見了，覺得把大王給欺騙了，罪該萬死！」

楚王鬆了口氣，對張儀說：「我以為是什麼，你不必起程了，也不必介意。我明白，天下就根本沒有誰會比得上我的愛妃，是不是？」又連忙向左右兩個貴妃獻殷勤，做了個怪樣。

南后和鄭袖同時眨兩下眼、嘴角一撇：「嗯！」

從此，楚王改變了對張儀的態度，張儀也落得個歲歲平安。

在這個故事裡，我們可以看到楚王的弱點就是愛女色，而南后和鄭袖的弱點則是害怕有人奪去她們的地位。張儀正是抓住這些人的弱點，從他們身上賺取了許多銀兩。當然，張儀日後的發達比這個要大得多，這只是張儀小試了一把。但給了我們很大啟發，那就是不一定非要認識有權勢的人才能辦好事，只要稍微動一點腦筋，照樣可以把難辦的事情辦好，重要的是在於你是否能夠把自己的優勢發揮出來，並且讓對方認可，這樣才能很輕鬆的求得有權勢的人幫你把事情辦好。

促使對方下決心

面對猶豫躊躇的人，與他們溝通時，經常需要提出你的意見，甚至替他們作決定。此時，明確的說出答案可以當成說服的手段。

例如，在服飾店鏡子前比畫許久的女士，常為該買這件還是那件衣服而傷腦筋，銷售小姐如果能適時的提出意見：「長裙能表現出飄逸的美感，牛仔褲呈現瀟灑的帥氣。」往往能促使顧客作決定。倘若仍無法選擇時，不妨再告訴她：「你身材修長，穿牛仔褲更合適。」顧客或許一下就被你的話點醒立刻買下，這是高明的銷售手法。

用簡單又令人驚訝的「斷定法」來操縱對方，往往會收到立竿見影的效果。例如，某男對自己心儀已久的女子說：「除了我以外，再也無人可以讓你幸福，只有我才最合適你。」老練的刑警在審訊犯人時，會在語氣中偶爾插入這樣的話：「你遲早要說出真相！落在我手上的人，沒有一個能隱瞞住真相！」刑警重複的將這個資訊灌輸到犯人的腦海中，讓他在無形中產生一種「我一定躲不過」的印象，而最終吐露實情。

另一種促使對方下決心的方法，是給人絕處逢生感。

在說服的時候，如果僅指出對方的做法所產生的惡劣後果，就會使他因絕望而放棄自己的想法。相反的，如果你在對方洩氣的時候，給他指明一條出路，他肯定會十分高興的採納。

一位父親就是利用人絕處逢生的心理來勸說兒子養成儲蓄的習慣。

父：「孩子，好久前你就想買球棒，媽媽給你買了沒有？」

子：「沒有！」

父：「為什麼不自己想辦法？」（引起對方的需求欲）

子：「可是我沒有錢呀！」

父：「這樣吧！從明天起，爸爸每天給你十元。你存一個月後，該有多少錢了？」

子：「三百元呀！」

父：「兩個月以後你就有六百元了，六百元可就夠買球棒的了。不過，這兩個月中，你必須不花錢買其他東西。」

子（高興的）：「我就不用等媽媽買了。」

父：「是呀，你以前沒有球棒，當時感覺怎麼樣（使對方產生絕望感）？現在你把零用錢存起來，就可以買到新的球棒，你的朋友看到你有了新球棒會怎樣？你有沒有必要存錢呀？」

伏爾泰說：「判斷一個人憑的是他的問題，而不是他的回答。」的確，想要給人絕處逢生感就得把問題提好。這類提問，不僅能使你有條不紊的誘導對方，而且還有助於對方整理自己的感受。

善於捕捉「弦外之音」

察言是很有學問的技巧，人內心的思想，有時會不知不覺在口頭上流露出來。因此，與別人交談時，只要我們留心，就可以從談話中深知別人的內心世界。

由話題知心理

人們常常將情緒從一個話題裡不自覺的呈現出來。話題的種類是形形色色的，如果要明白對方的性格、氣質、想法，最容易著手的步驟，就是要觀察話題與說話者本身的相關狀況，從這裡能獲得很多的資訊。

與中年婦女交談時，她們的話題多是她們自己，因為她們覺得自己才是她們最大的關心對象。有時也談論丈夫或孩子，那是她們把丈夫或孩子看成了自己的化身，談論他們也等於在談論自己。對於這樣的中年婦女，你要作為一個傾聽者，承認她們是賢慧的妻子、偉大的母親。

在年輕小伙子的世界裡，他們最愛談論的話題是汽車。關於汽車的雜誌也跟音樂、足球雜誌一樣暢銷。小伙子的話題幾乎都圍繞在汽車的品牌、行程距離、速度等有關的話題上，雖然，他們中的大多數人都暫時買不起車。其實，他們那麼熱衷於車的話題，無非在表示自己將來有能力買車，或者是想表示自己對這些懂得很多，無非是顯示自己。

措辭的習慣流露出的「秘密」

語言除了社會的、階層的或地理上的差別外，還有因個人的水準而出現差別的心理性的措辭。人的許多曲折的深層心理會不知不覺的反映在自我表現的手段——措辭上。透過分析措辭常常就可以大體上看出這個人的真實面貌，從這種意義上說，正是本人沒意識到的措辭的特徵比詞語的內容遠為真實的告訴我們其人自身。

人們總是認為是在用自己的話說話、寫文章。實際上無意中在借用別人的話，有自我擴大欲，反過來探尋這一點，就能窺見其人的內心深處。例如，使用難懂的詞和外語的人常會讓聽者感到困惑，其實這種人多是將詞語作為掩飾自己內心弱點的盾牌。擇業時，充分顯示自己的才能是必要的，但若過分矯飾，反而畫蛇添足，讓別人如墜雲霧的效果是最不利的。這種情形常常不過是反證了對自己的智慧的自卑意識，將詞語作為盾牌，掩飾自己的自卑感。

說話方式會反映真實想法

一般說來，一個人的感情或意見，都在說話方式裡表現得清清楚楚，只要仔細揣摩，即使是弦外之音也能從說話的簾幕下逐漸透露出來。

■**說話快慢是破解深層心理的關鍵**。如果對於某人心懷不滿，或者持有敵意時，許多人的說話速度會變得遲緩。如果有愧於心或者說謊時，說話的速度自然就會快起來。

假如說有一個男人每天下班都按時回家，這一天他下班後卻留在辦公室與同事打牌，回到家時，他就馬上跟老婆說他加班了，而且還要詛咒現在為什麼有這麼多的事做不完，他的說話語調也一定會比平常快，這樣他似乎可以解除內心潛在的不安。

■**從音調的抑揚頓挫中看破對方心理**。上述的那位「加班」的男人，當他回到家時，他說話的語調不僅快，而且慷慨激昂，好像今天的「加班」讓他很反感——他很不願意「加班」。

兩個人意見相左時，一個人提高說話的音調，即表示他想壓倒對方。

對於那種心懷企圖的人，他說話時就一定會有意的抑揚頓挫，製造一種與眾不同的感覺，有一種吸引別人注意力的欲望，自我顯示欲隱隱約約的透露出來了。

■中聽話方式看破對方心理。構成談話的前提包括了兩種不同立場的存在者，即說話者與聽話者。我們可以根據對方對自己說話後的各種反應，來突破對方的深層心理。

如果一個人很認真的聽話，他人致會正襟危坐，視線也一直瞪著對方。反之，他的視線必然會散亂，身體也可能在傾斜或亂動，這是他心情厭煩的表現。

如果你想知道某人某方面的消息，你應該和他從一個平常的話題切入，然後認真傾聽、提問、傾聽……對方在高興之餘，也許會忘了提防，相反的，還會認為你是一個很好的傾聽者，善解人意，你就可以一步步達到自己的目的。

恰到好處，表現自我

我們經常聽到上司說某人「悟性好」，也經常聽到上司抱怨某人「死腦筋」。由此可知，一個人善於表現自己的重要方面是領悟上司意圖。

有一次，曾國藩召集眾將開會，分析當時的軍事形勢說：「諸位都知道，洪秀全是從長江上游東下而佔據江寧的，故江寧上游乃其氣運之所在。現在湖北、江西均為我收復，僅存皖省，若皖省克服……」

此時，曾國藩手下的愛將李續賓，早已明瞭曾國藩的意圖，順勢道：「大帥的意思，是想要我們進兵安徽？」

「對！」曾國藩讚賞的看了李續賓一眼，「續賓說得很對，看來你平日對此早有打算。為將者，踏營攻寨計算路程尚在其次，重要的是要胸有全局，規劃宏遠，這才是大將之才。續賓在這一點上，比諸位要略勝一籌。」

李續賓一句話就贏得了這麼多的信任和誇讚，實在是高明之舉。爭氣的下屬要及時體會上司的這種心理，注意在大眾場合顯示自己的過人之處，不辜負上司的信賴和賞識。李續賓作為曾國藩的心腹、愛將，就善於表現自己，既給曾國藩爭了光，又平息了其他將領心中的嫉妒，讓自己被賞識和重用。

善於領會其意圖，讀懂上司心理需要長期練習。只有平時緊緊跟著上司關心的敏感點進行思考，才會具有在把握上司意圖和工作思路方面超過其他人的可能性。

讀懂上司是必須的，但作為年輕人，工作資歷淺，搞好人際關係也同樣重要。上司賞識，同事讚揚，不能光靠嘴，需要年輕人對於雖微小的事情也要勤勤懇懇的去做，不能大事做不了，小事又不願意做。小事更容易表現勤快，更容易表現自己。

在一間公司中，手腳勤快的下屬更容易得到上司的青睞。事無大小，爭著做、搶著做，只有這樣，上司才會更賞識你和器重你。作風懶散，辦事拖拖拉拉，上司交辦的任務催辦多次也不能完成，都是對自己前途不利的。

在公共場合也要表現自己的水準和能力，「不怕不識貨，就怕貨比貨」，上司平時十分喜歡某個下屬，但眾人不服氣，這就只有把別人比下去，才會讓人心服口服。

表現自己千萬要注意不要刺激上司，尤其是一些高學歷、能力強的人，在表現自己的優點時不要與上司形成對比。如果連上司也比下去了，你的優點也會變成缺點。

經常在上司和別人面前賣弄，炫耀自己的學識，對比自己學識差的人冷嘲熱諷，如果上司在這個方面完全是一個外行，他對你的表現就不會注意，所以自己的優點再多，如果不能引起上司的注意和賞識，你只能暫時保留不說。

喜歡在小事上表現自己的人，有時候雖然能獲得上司的好評，但未必能受到重用。

因此，曾國藩讚揚李續賓時認為對於真正有能力、有水準的將軍來說，攻城掠地、帶頭打仗不是頭等重要的大事，應該是胸有全局，規劃宏遠，只有這樣的人，才是帥才。

善推銷

想要把事辦成功，就要先想辦法把自己推銷出去，讓對方認可你，欣賞你，才會有興趣幫你辦成事情。

如何把自己推銷出去？這可是一個難題，當然這是對於那些無計可施的人來說，聰明的人有的是方法。有些方法甚至很簡單，只是你沒有想到而已。

善於自我推銷

在我們身邊，不難發現這樣的人，他（她）們一提到別人，可以滔滔不絕，把別人的優點或缺點分析得頭頭是道；一講到自己，特別是提到自己的缺點，不是難以啟齒，就是借講自己的缺點拐彎抹角的講出自己的成績，以為不這樣，就不能表現出自己的高人一等，這是這些人求人辦事的最大障礙。

窮人反而好辦事

馬斯洛說，在社會上生活的人，誰都有滿足自我的需要，都希望別人能承認、尊重、賞識自己的知識和才能。為了達到求人辦事的目的，你就需要不斷的想辦法，在他人面前表現或推銷自我，以使對方從心理上接受自己，為求人成功開通道路。

「自我推銷」是一種藝術。戰國時代，古人就以他們的智慧和經驗，創造出了「無敵的自我推銷術」。這種推銷術方法很多，方式也不一樣。例如，張儀是「連横」策略的創始人之一，他由魏國一名不起眼的說客，一躍先後成為魏秦的宰相，以滔滔辯才登上萬眾矚目的政治舞台，執戰國政局之牛耳。像張儀這種完全靠自己的遊說來謀得顯赫地位和財富的人，在戰國時期為數不少。

自我推銷想要獲得成功，就要善於「標新立異」的推銷自己。戰國時期，歷史上自我推銷的人大概要數毛遂的名氣最大。

秦軍在白起帶領下，於長平大敗趙軍，乘著勝利的餘威，秦軍長驅直入，包圍了趙國首都邯鄲。情況萬分危急，趙王派平原君趙勝出使楚國，與楚國結盟，請求援兵。趙王深信平原君的辦事能力，他命平原君在數千門客中挑選出二十人作為隨行，以壯聲威。平原君挑來挑去，只選出十九人，還差一個名額。正在為難，門客毛遂走到平原君面前自我推薦：「另一個名額讓我來頂上吧！」平原君對他不怎麼熟悉，忙問：「先生在我這裡幾年了？」毛遂答道：「三年了。」平原君對他沒有一點印象，便笑著說：「一個真正有才能的人，處身在世上正像一把錐子放在袋子裡，銳利的錐尖勢必露出口袋外面。你已經來三年了，我還沒有聽說周圍的人誇獎過你。先生還是留在家裡吧！」毛遂從容不迫的說：「我要是老早被放進口袋裡，這把錐子不是只露一點點尖角，而是整個錐子都會鋒芒畢露了。」平原君聽毛遂說得有理，於是就同意毛遂一同前往。

在楚趙談判大會上，由於楚王無心幫助趙國，談判沒有絲毫進展。這時，其他的十九位門客一齊慫恿毛遂，讓毛遂上去談判（原本其他的十九個人是準備看他的笑話，看他如何在這樣的場面上出醜）。毛遂也不推辭，幾步登上台階，問平原君（好像沒有看到楚王的存在）：「為什麼還沒有結果？」楚王聽了，盛氣凌人的說：「你是誰？」平原君答：「是手下辦事人員。」楚王大聲喝斥：「我在跟你主人談判，沒你的事，趕快給我走開！」毛遂毫不畏懼，他緊握寶劍湊近楚王跟前說：「大王竟敢喝斥我，不怕欺了我的主人，是依仗楚國軍隊多吧？現在大王與我距離在十步之內，大王此刻的性命就握在我的手裡，你兵再多，也幫不上忙。我家主人今天和你說得非常清楚，趙楚聯合抗秦，不僅趙國受益，楚國也不會遭受池魚之災。你還喝斥什麼？」楚王見狀不妙，忙連連點頭說：「是，是，先生言之有理，楚國願意與趙國聯合抗秦。」就這樣，楚趙簽訂了聯合抗秦的盟約，幾天後，邯鄲之圍被解。

回到趙國後，平原君感慨的說：「毛遂先生的三寸不爛之舌勝過百萬之師。如果不是他自薦，今天辦事哪能這樣順利？」從此推毛遂為座上賓。

推銷自己是為了辦事順利成功，其中引起重視是一個重要因素。然而，如何才能標新立異？像毛遂那樣，思維敏捷，文采出眾，勇略過人，透過精彩的自我表現，突顯出個人的價值與個性，為對方承認和接受，成功也就近在咫尺了。

在現代社會，已不是謙卑有加，禮讓三分的時代，人們要學會展示自己，學會毛遂自薦，讓別人看到你，知道你的存在，知道你的能力。認真體會「毛遂自薦」的奧妙，努力去實踐它，你會得到意想不到的好處。

從古至今，敢於自薦的人，是很不容易的。自薦者不僅要有足夠的膽量、勇氣，而且還要具有對自身價值的高度自信，對完成某項任務有自己獨到的見解和主張，並且抱有強烈的事業心和責任感。毛遂之所以敢於自薦，正是有這樣的勇氣和信心做後盾。從現實來看，自薦者往往會遭到一些人的妒忌和各種的非議，甚至誹謗。因此，領導者滿腔熱情的鼓勵和愛護自薦者，並且給他們有力的支持，就顯得十分必要。只有這樣，才能發掘和利用人才資源，避免抑善蔽才。

在一家出版社的編輯部裡，進來一位求職的女孩。這是一個毛遂自薦者，英文很好，想到出版社來當編輯。出版社因為目前沒有英文書的出版計畫，沒有用她，但卻把她推薦給一位同行，因此這個女孩有了很好的工作。

出版社的負責人後來曾經談及此事，這個女孩的英文能力不如她自己描述的那麼好，但是她敢於毛遂自薦，至少表現了她主動積極和勇於向陌生人、陌生事挑戰的一面，誰都會喜歡這樣的人。

生意場上的老闆總是無利不起早，為賺錢而煞費苦心，老闆用人，亦是如此，主動積極富有挑戰精神的人是最適合他的。

現代社會競爭太激烈了，「待價而沽」或「三顧茅廬」的時代已經過去了，你如果不主動出擊，讓別人看到你，知道你的存在和實力，你就可能「坐以待斃」。

在工作崗位上，亦可發揮毛遂自薦的精神，推薦你自己去做某項工作或擔任某項職務。不過熱門的職務和工作角逐者眾多，這種毛遂自薦的效果不會太大，但總給了自己一個機會。

面對困難的工作之時，毛遂自薦的成功率相對較高。如果你有能力，可以自告奮勇挑戰人人避之唯恐不及的工作。因為別人不願意做，你的毛遂自薦可以突顯你的存在。如果一戰成功，你當然是唯一的英雄。如果失敗了，也可學到寶貴的經驗。

你的毛遂自薦，也替你的上司解決難題，他對你的印象將會有新的改觀。更重要的是，這個過程將成為你日後面對更艱難工作的勇氣來源，你的做法也將成為人們給你最高評價的依據，只憑這一點，你就可以在日後享用不盡。

如果你的毛遂自薦沒有如願，千萬不要灰心喪氣，因為你的勇氣已在別人心中留下深刻的印象，而且一次的失敗正是下次成功的本錢。

要注意的是，不要吹噓自己的能力，能力有多少就說多少，太過吹噓，反而給人以不實的印象。

自己也可以點石成金

你是一個窮人的時候，很明顯，你會為你的身分不滿，因為這個身分給你帶來很多的限制，這些限制相信每個窮人都曾經有過體會。如何做才能改變這個身分？那就是：把你自己「點石成金」，讓別人知道你不是一個無用的窮人，許多窮人就是這樣改變了自己的身分。

有一個人叫尤伯羅斯，他就是透過舉辦洛杉磯奧運會而一舉成名的。其實，在此之前，他也是一個窮人。

現在有一點舉世公認：主辦奧運會，不僅能提高主辦城市在世界上的知名度，提高主辦國的地位和聲望，而且還是一個難得的商機。然而，翻開奧運會的歷史，很長一段時期，主辦奧運會都一直是虧本的。舉辦奧運會是一項吃力不討好的事情，以至於許多國家在接到舉辦奧運會的通知時，不是全力去籌辦，而是想辦法不出錢或少出錢，以最大限度的減少自身的開支。

想當年，國際奧會決定一九八四年奧運會在美國洛杉磯舉辦的消息一經傳開，洛杉磯的市民馬上集體遊行，反對在這裡舉辦奧運會。洛杉磯市民遊行的消息，透過電視報紙傳遍了美國。同時美國政府宣布，對奧運會不予以經濟援助。洛杉磯所在的加利福尼亞州宣布：不准用事先發行彩票的方法為奧運會集資。洛杉磯市政府明確表示不出一分錢，並且向國際奧會發出「警告」：如果要洛杉磯政府承擔奧運會經費，將取消奧運會在洛杉磯舉行……洛杉磯奧運會面臨夭折。

一九七八年八月，國際奧會召開緊急會議，被迫答應奧運會經費可以不由主辦城市承擔。舉辦奧運會，需要龐大的經費，國際奧會又沒有錢，美國政府和洛杉磯市民不出錢，又不能發行彩券，龐大的經費從哪裡來？

洛杉磯奧運會籌備小組一籌莫展，最後只好向一家企業管理諮詢公司求援，希望推薦一位能人來擔任奧運會主辦人。該公司提出的名單是：彼得・尤伯羅斯。

奧運會籌備小組馬上和尤伯羅斯聯繫……

窮人反而好辦事

尤伯羅斯在美國是「無名小卒」，儘管他生意做得也不壞，但那不過是一個小本生意，如果一直做下去，也發不了什麼大財。

當時擺在他面前的事實是，沒有一分錢的援助和支持，這讓尤伯羅斯感到自己是一個徹頭徹尾的窮人，兩手空空。在籌辦奧運會上，他的確是一個窮人。因為奧運會需要的經費不是以「萬」為單位計算的，而是以「億」為單位計算的，儘管早期的奧運會由於規模小，經費也不需要太多。

然而，他最終答應了。他答應出任，並且賣掉了他的公司……

一幕大戲開始了！

美國人看著他，奧運會看著他，整個世界都在看著他。

一九七九年，尤伯羅斯正式就任美國奧運會組委會主席。他語出驚人，稱：「奧運會不會虧本，還會有可觀的利潤。」

報紙登了他的照片和演說，許多讀者看得忍不住笑出聲來：歷屆奧運會主辦者都想賺錢，可是結果都是負債累累。這個狂妄的傢伙，這回可是自找苦吃！

尤伯羅斯也不管人們說什麼，就去上班了。他鑽出汽車，走進辦公室，左右環視，發覺空蕩蕩的沒有一個職員，這「空蕩蕩」還意味著，沒有一分錢。

他搖了搖頭，從口袋裡拿出一百美元，跑到銀行為奧運會組委會開了一個戶頭。就這樣，一百美元拉開了洛杉磯奧運會的帷幕。

「我有什麼辦法，能在短時間內迅速的、大量的集聚一大筆金錢？」尤伯羅斯喝著咖啡，低頭沉思，「我有什麼法寶？唔，只有『奧運會』這塊牌子，一塊空的舉世矚目的牌子，還有世界上三十億觀眾──這是我最大的財產。」

他考慮了幾天，充滿信心的笑了，笑得還頗有幾分得意。

尤伯羅斯拋出的第一個高招是：把奧運會的實況轉播權作為專利拍賣，底價為二・三五億美元。這在奧運會歷史上是第一次。

他親自跑到美國最大的兩家廣播公司遊說，歷數奪得轉播權的許多好處。兩家公司被說得心動了，競相出價競爭。美國廣播公司請來幾十位高級主管計算得失，最終發現尤伯羅斯說得有道理，確實有利可圖，於是趕在美國全國廣播公司前買下電視實況轉播權。尤伯羅斯高興得哈哈大笑，又把海外實況轉播權賣給外國公司。就這一項，他籌集到二・八億美元。

報紙頭版頭條報導，美國轟動了！

尤伯羅斯又推出第二招，他宣布：「本屆奧運會正式贊助單位只有三十家，每個行業選擇一家。贊助者可以得到本屆奧運會某項商品獨家供應權。條件是，每家至少應該贊助四百萬美元。」

本來不想出錢的企業心動了，贊助奧運會既能擴大企業知名度、領先同行競爭對手，又能透過壟斷奧運會商品供應賺錢，退出贊助就是把商機白白送人啊！這個尤伯羅斯好厲害！

尤伯羅斯找到美國柯達公司，希望他們能給奧運會提供五百萬美元以上的贊助，把奧運會同行業唯一的贊助權奪走。

不料，柯達自恃是行業老大，只同意贊助一百萬美元和一大批膠捲，和尤伯羅斯進行討價還價。尤伯羅斯耐心的等了半年，最終還是沒有達成協定。正在此時，日本富士公司尋上門來，尤伯羅斯巧妙的與其周旋談判，最後，富士願意出七百萬美元的高價，尤伯羅斯當然喜出望外。

就這樣，日本富士公司獲得了第二十三屆奧運會的獨家贊助權。奧運會期間，賽場內外都是富士廣告，所有記者用的都是富士膠捲。富士公司透過奧運會跨進美國，分掉柯達許多市場佔有率，柯達公司總裁盛怒之下撤掉了廣告部主任，這當然是後話。

各個行業的企業為了爭得獨家企業贊助權，你爭我奪龍爭虎鬥，殺得戰火紛飛，硝煙彌漫。就此一項，尤伯羅斯集資到三・八五億美元。

最後，透過許多方法，尤伯羅斯籌集到主辦奧運會綽綽有餘的資金。

五環旗在洛杉磯迎風飄揚，奧運會如期舉行。

第二十三屆奧運會沒有虧本，還賺了一・五億美元。尤伯羅斯本人則獲得了四七・五萬美元的紅利。

他創造了奇蹟！

閉幕那天，尤伯羅斯應邀登上主席台，頓時，近十萬觀眾熱烈鼓掌，雷鳴般的掌聲響徹雲霄。第二年，美國《時代》雜誌刊登了尤伯羅斯的照片，尤伯羅斯一時身價倍增。

尤伯羅斯為奧運會的經濟運作，樹立了一個輝煌典範，也為窮人如何辦大事開了一個好頭，讓眾多的窮人看到沒錢也能辦成大事的希望。同時，他也精確的表演了作為一個窮人，如何在沒錢的情況下去辦一件大事，進而成為廣大窮人學習的楷模。

找出你的方法

創新不一定需要天才，創新只在於找出新的改進方法。任何事情的成功，都是因為找出了把事情做得更好的方法，世界上所有的發明、發現均是如此。如果你在某方面有了創新，你就會贏取令人刮目的新身價。

《伊索寓言》裡有一個故事：

一個暴風雨的日子，有一個窮人到富人家討飯。

「滾開！」僕人說，「不要來打擾我們！」

窮人說：「只要讓我進去，在你們的火爐邊烤乾衣服就行了。」

僕人以為這不需要花費什麼，就讓他進去了。

這個可憐人，請求廚娘給他一個小鍋，以便他「煮點石頭湯喝」。

「石頭湯？」廚娘說，「我想看看你怎樣能用石頭做成湯。」於是她就答應了。

窮人於是到路上揀了塊石頭洗淨後放在鍋裡煮。

「可是，你總得放一點鹽吧！」廚娘說，她給了他一些鹽，後來又給了豌豆、薄荷、香菜。最後，又把能收拾到的碎肉末都放在湯裡。

當然，你也許能猜到，這個可憐人後來將石頭撈出來扔回路上，快樂的喝了一鍋肉湯。

在這則寓言的結尾，伊索總結說：「堅持下去，方法正確，你就能成功。」

說到創新，說到成功，可能大多數人會說，這跟我沒有什麼關係。因為我們大多數理解的「成功」與「創新」，往往是指那些在人類歷史上影響深遠的一些重大發現和發明，例如青黴素的發明，水稻的培育改良，人類基因「密碼」的破解。是的，這些都是創新的結果，是人類發展史上了不起的發明，發明或發現這些的人士都是成功者。

但是，創新不只是某些行業的專利，也不是超常智慧的人才具有創新的能力。

你也可以創新，你也可以成功。

在日本，一家知名味精公司的社長對全體工作人員下達了「成倍的增長味精銷售量，不論什麼意見都可以提，每人必須提一個以上建議」的命令。

於是，營業部門考慮營業部門的建議，宣傳工作考慮宣傳工作的，生產部門打算生產部門的，大家紛紛提出銷售獎勵政策、引人注目的廣告、改變外觀的形狀等方案。

然而，一位普通女工卻苦於提不出任何建議來。她本想以「無論如何也想不出」為由而拒絕參加，但考慮到這是社長的命令，並且言明不論什麼建議都可以，所以她覺得拿不出建議有些不合適。

就在這當中，某日晚飯時，她想往菜上撒調味粉，由於調味粉受潮而撒不出來，她的兒子不自覺的將筷子捅進瓶口的窟窿裡，用力往上攪，於是調味粉立時撒了下來。在一旁看著的女工的母親對女兒說：「如果你提不出社長讓提的建議，你把這個拿去試試看。」

「這個？！」

「把瓶口開大呀！」

「這樣的提案！」女工本來有些不以為然，但是又無其他建議可提，於是就提出把味精瓶口擴大一倍的提案。

審核的結果出人意料。女工提出的建議竟然進入十五項得獎提案之中，領得獎金三萬日元。而且此提案付諸實施後，銷售額倍增，為此，女工又破例從社長那裡領取了特別獎，其身價在社長眼裡又一次上漲了。

受寵若驚的女工想：「出主意，出主意，原來以為很難，沒料到這樣的提案竟然也得了獎。像這樣的提案，一天能提上兩三個。」

所以說，創新不一定需要天才，只在於找出新的改進方法。任何事情的成功，都是因為找出了把事情做得更好的方法，而且世界上所有的發明、發現均是如此。

這只是一個方法！是一個實在沒有辦法被逼出來的方法！然而這卻是一個成功的方法。之所以這樣講，是為了要告訴你一個道理，那就是：你也可以找出屬於你自己的方法，只要你的方法與眾不同，也許它就是一個好方法。

重要的是在於你要去找，而不是坐在那裡想：這肯定是一個糟糕透頂的方法！如果你總是這樣想，有一點可以肯定的是：你肯定已經輸掉了！

找出你的方法，實現你的夢想，成功就是這麼簡單！

用智慧

找有權勢的人幫你辦事，其他方法都行不通，就剩下最後一個方法，那就是：用一些智慧，動一動腦筋。

不要認為這樣做是卑鄙的，是見不得人的。因為你是一個窮人，別人不願意幫你也許就僅僅因為你是一個窮人，他的出發點不一定有多麼高尚。當你想通了這一點時，你就會知道，事情也可以這樣辦，找人也可以用一點智慧。而不是總顯得手足無措，等待別人的施捨，或者說等待天上掉下好運，然後砸到你的頭上，儘管這樣做的機率比慧星撞地球的機率還小得多。

善意的欺騙該用則用

欺騙，通常是一種不可饒恕的惡意行為，但也有例外的時候。特別是你希望得到人們理解，不得不採取某些手段接近對方時，善意的「欺騙」也許是不得不做的事。

在二十世紀二〇年代，日本橫濱有一位做空頭生意的煤炭商山下龜三郎。他沒有足夠的資金，只有一個煤炭店，卻又想做生意賺大錢，整日尋思辦法，倒還真讓他想出了一個點子。

他把自己的煤炭店做抵押，向銀行借了一筆款作活動經費，開始實施他的計畫。他打聽到神戶新開張了一家煤炭商會，老闆松永靠他父親福澤的鉅資來經營，很有實力。山下想與松永做生意，但位卑財弱，挨不上邊，於是他拐彎抹角，認識了松永的父親福澤從前的一個老部下秋原，並請秋原修書一封，去拜訪松永。山下拿到秋原的信後，先是來到神戶最豪華的飯店西村飯店，訂了一桌宴席，然後請飯店服務員拿上他的請帖和秋原的信去請松永。松永看了秋原的信，二話沒說來到西村飯店。

山下熱情的迎接了松永，並且把松永稱頌了一番，然後才談到正題上。他的意思是要松永向他提供大批煤炭，由他轉賣給阿部老闆開辦的煤炭零售店。松永害怕受騙，猶豫不決。因為這樣做，山下不付分文，不承擔任何風險，有風險的人是他松永。山下早料到松永會猶豫，他把一位女服務員喚了過來，對他說：「明天我到大阪炮兵工廠去辦事，請你幫我買點兒神戶特產煎餅來。」說著從懷裡掏出一疊面額十萬日元一張的鈔票來，隨手抽出兩張遞了過去，然後又抽出一張遞去說：「這是給你的小費。」松永在一旁看了，暗中吃驚，斷定自己遇上了一位大富翁，於是當場表示願意發貨，生意成交了。山下向松永表示了感謝，便推說有一點小事，疾步走出餐廳追上了那位服務員，把那三十萬日元全部都討了回來。晚宴過後，他立即啟程趕回橫濱，因為，他住不起西村飯店的豪華房間。

從此以後，松永把煤炭發給山下，山下再轉賣給阿部，收款後再交給松永。就這樣，年復一年，山下發了大財，改行當上了日本的汽船大王，松永也成為日本電力企業鉅子。當年山下導演的那場「精彩的欺騙」，不僅成了二人茶餘飯後的笑料，而且也成了松永戰勝商場艱險的精神動力和經營謀生的策略。

磨石磨刀，刀越薄

「有胭粉都願往臉上擦」，然而也有一貧如洗的時候，「摸著兜兜辦事，兜裡卻空空如也」。這時，如果想辦事也會有辦法，就是拿出「磨石磨刀，刀越薄」的架勢。大家都知道，磨刀要用磨石來磨，為什麼？因為再重再厚的刀也禁不住磨石來磨，最後投降的總是刀。

漢代的辭賦家司馬相如，放蕩不羈，一派浪蕩公子相，但因他已博得了海內文名，當時的文人都以結識司馬相如為榮。

這一年，司馬相如出外流覽名山大川，路過臨邛這個地方。臨邛縣令久仰司馬相如之名，恭請至縣衙，連日宴飲，寫賦作文，好不熱鬧。

此事驚動了當地家有萬金、奴僕千人的富豪卓王孫，他也想結識一下司馬相如，以附庸風雅。但名義上卻是請縣令王吉，讓司馬相如作陪。

來到卓府，卓王孫一見其穿戴，心中早已懷瞧不起之意，心想自己是要臉面之人，請來的卻是一個放蕩無禮之輩。

司馬相如全然不顧這些，大吃大嚼，只顧與王吉談笑，早把卓王孫冷在一邊。忽然，司馬相如聽到內室傳來淒婉的琴聲，琴聲不俗，司馬相如立刻停止說笑，傾耳細聽。

卓王孫原本被冷在一邊，訕訕的無意思，今見琴聲吸引了這位狂士，於是誇耀的賣弄說這是寡女卓文君所彈奏！司馬相如早已癡迷在那裡，忙請求讓卓文君出來相見。卓王孫經不住王吉說項，派人喚出卓文君。

司馬相如一見卓文君，兩眼直勾勾愣在那裡，他萬萬沒想到這俗不可耐的卓王孫竟有這般美麗高雅的女兒，於是要過琴來，彈了一曲《鳳求凰》向卓文君表達愛意。冰雪聰明的卓文君自然聞弦歌而知雅意，又因素來仰慕司馬相如的相貌和才華，當夜奔到司馬相如處，以身相許。經過商量，兩人一起逃回成都。

卓王孫知道後，氣得暴跳如雷，又是罵女兒不守禮教，又是罵司馬相如衣冠禽獸，發誓不准他們返回家門。

卓文君隨司馬相如回到成都後才知道，她的夫君雖然名聲在外，但家中卻很貧寒。萬般無奈，他們只好返回臨邛，硬著頭皮託人向卓王孫求一些資助。不料，卓王孫竟大罵：「我不治死這個沒出息的丫頭算便宜她了，還想要我接濟，一個子兒也不給！」

夫婦倆聽說父親的態度如此堅決，心都涼了半截兒，可是眼下身無分文，日子要怎麼過？到底他們倆都有才，很快想出了一個「絕招」。他拿出「磨石磨刀，刀越薄」的精神，徹底放下所謂的身分，決心要把岳父大人「磨」至最終投降。

第二天，司馬相如把自己僅有的車、馬、琴、劍及卓文君的首飾賣了一筆錢，在距卓府不遠的地方租了一間屋子，開了一個小酒鋪。

司馬相如穿上夥計的衣服，捲起袖子和褲管，像酒保一樣，又是擦桌椅，又是搬東西；卓文君則穿著粗布衣裙，忙裡忙外，招待來客。

酒店剛開張，就吸引了許多人來。這倒不是因為她賣的酒菜價廉物美，而是前來目睹這兩位遠近聞名的落難夫婦。司馬相如夫婦一點也不感到難堪，內心倒很高興，因為這正好達到他們的目的——給頑固不化的老爺子現現眼。

很快，臨邛城裡人人都在議論這件事，有些人對這對夫婦表示同情，有些人責備卓王孫刻薄。卓王孫畢竟是一個有身分、有臉面的人物，十分忌諱風靡一時的流言蜚語，竟然一連幾天都沒有出門。

有幾個朋友勸卓王孫說：「令嫒既然願意嫁給他，就由她去吧！再說司馬相如畢竟當過官，還是縣令的朋友。儘管現在貧寒，但憑他的才華，將來一定會有出頭的日子，應該接濟他一些錢財，何必與他為難？」

這樣一來，卓王孫萬般無奈，只好分給卓文君夫婦僕人百名，錢財百萬，司馬相如夫婦大喜，帶上人和錢財，回成都生活了。

辦什麼事都要講究手段，手段是為目的服務的。聰明的人為達到目的總能想出技高一籌的手段。司馬相如與卓文君的辦事戰術，頗有幾分無賴精神。套用一句老百姓的俗話，這叫做「磨石磨刀，刀越薄」，我已經走投無路，到了這步田地，已經丟人現眼還要臉皮做什麼？索性一起丟了吧！

在現實生活中，出色的人通常具有許多人不具備的素質，忍耐可以說是其中最重要的一種。所謂好事多磨，這個「磨」字就可以理解為忍耐。一般來說，忍耐表現的是對對方處境的理解，是對轉機到來的期待，有了這種心境，你就能在精神上使自己處於強有力的地位，能夠方寸不亂，調動自己全部的聰明才智，想辦法去突破僵局，即使消耗一定的時間也在所不惜。

從另一個角度來說，「磨」也可以理解為消耗時間，時間正好是一種武器。時間對誰都是寶貴的，人們最耗不起的是時間。所以，如果你以足夠的耐心，擺出一副「打持久戰」的架勢與對方對壘時，就會對對方的心理產生震懾。所以，你要沉住氣，耐心的犧牲一點時間，反而可以爭取到更多的時間。

裝「惡」保自己

西方有一句充滿哲理的諺語說：「想要使一條線變短，最簡單的方法就是在它的旁邊畫一條更長的線。」以此類推做人處世，可以發現一個道理：要使一個惡人不敢對你作惡，就要做出比他更惡的樣子。這其實也是一個窮人沒有辦法的辦法。確實，在這個世上，雖然不能說是惡人橫行，但也難免會遇上一兩個壞蛋，而且這些壞蛋往往愛欺負窮人（富人有錢有勢，他也不敢），有時候，對於窮人們來說，裝「惡」確實是保護自己最有效的手段。

有一個無賴，仗著自己練過幾天功夫，會耍幾套拳腳，在小鎮的市場上為非作歹、為所欲為。最令人氣憤的是，他總是拎了這個攤上的雞，又拿了另一個攤上的肉，卻總是不給錢。誰要向他討，他就說先欠著，以後一起給。可是若有誰真向他索討時，他就會大打出手，或是想辦法弄得你無法在此地待下去，大家對這個無賴敢怒而不敢言。

一次，這個無賴又來到市場上，他走到一個豬肉攤前，指著一塊肉要攤主割下來給他，那位攤主也是一位青年，聽他一說，二話不講，操起刀就在邊上的條石上霍霍的磨了起來。這個無賴見此，只好站在那等著。此時，攤邊上的人開始聚攏過來，一半是看熱鬧，一半是想親眼目睹一下這個無賴如何橫行霸道。豈知，這位攤主磨了好幾分鐘還沒有罷手。此時，無賴急了，張口就罵，要攤主快一點。只見這位攤主慢慢的應了一聲，把磨得雪亮的刀往陽光下一擺，一道寒光直照到無賴的眼睛上，無賴心中一驚，不由得打了一個寒戰。他又催攤主快割肉，但語氣明顯緩和了一些。攤主操著刀，對著這個無賴想要的那塊肉就砍了下去，只聽「刷」的一聲，一大塊肉齊整整的就被割了下來。更令人叫絕的是，也就這一刀，把肉中連著的骨頭也一起砍斷了。見此情形，這個無賴心中又是一驚。事情還沒有完，攤主把肉砍好之後，不是像往常那樣，把刀擱在案子上就算了，而是出乎意料的朝身邊幾尺遠的一塊木板上扔去。隨著一聲悶響，那把剁肉刀便插在木板上，與其他幾把並排。

哦，原來這是他的刀板。同樣令人奇怪的是，這個無賴沒有像往常那樣，拿起肉便揚長而去，而是叫攤主秤了秤，乖乖的把錢交了。

究竟是什麼力量使攤主在忍讓之中征服了無賴？人們自然會想到那把刀，以及攤主熟練的技藝。但是，這則故事告訴人們更多的是攤主那威武不屈的神態和玩刀的技藝，雖然攤主沒有說一句，但是他卻透過這種無聲的語言告訴對方：我也不是好欺負的。

很多實例證明，說話辦事中，過於老實者未必見得就能取得好的效果。反之，如果能裝一回「惡」，以硬對硬，有些時候還會逢凶化吉。

由此可見，由於處世必須立於不敗之地的需要，即使本來不惡的人也要故意裝出惡人的樣子來保護自己。尤其是出門在外，人生地不熟，如果一臉老實相，看起來毫無保護自己的力量，恐怕就會讓人欺負，但是你一裝「惡」，效果也許就不一樣。俗話說：「鬼怕惡人磨」，你僅憑一副「惡」相就會使那些欲行不軌者退避三舍。

乘「虛」而入的辦事技巧

弱點是一個人最空虛的地方。借用弱點辦事，其重點就是要抓住對方的「虛處」，乘虛而入求情辦事，所以善用此方法的人都是善借機會的高手。

「道高一尺，魔高一丈」，再貎似強大的人也有「虛」、「軟」之處。以下介紹幾個方法，用以套出對方的「尾巴」，乘虛而入辦成事。

打草驚蛇，詐開其口

唐朝有一個縣令，名叫王魯，自從就任以來暗中貪污受賄。衙吏們也跟著效法，索取賄賂，百姓們怨聲載道，苦不堪言。有一天，王魯得知上司要來察訪民情，肅整吏治，不禁擔憂起自己頭上的烏紗帽。

他在批閱公文當中，正好看到本縣百姓聯名告發他手下的主簿受賄的一疊狀子，更是憂上加憂，神情恍惚。憂慮中，他不由自主的在一張狀子上批下「汝雖打草，吾已驚蛇」八個紅字，流露出唯恐主簿被告發而牽連到自己的恐懼之情。

無意的打草驚蛇，會使對手有所警覺，予以防範；有意的打草驚蛇，卻可以使對手驚慌失措，答應辦事之人所有的要求。

有些偵查人員善於使用這種打草驚蛇策略，故意說出已知的一點事，使罪犯或對手相信，他已經掌握全部罪證。罪犯於是稀里嘩啦的把所知道或所做的一切全部都說出來。

設下圈套，引蛇出洞

引蛇出洞的含義，就是自己已經掌握足以制服對手的有力證據，但卻因為時機不成熟或環境不適宜而不便拋出。為了能夠引出證據，必須採取一些措施，引誘對手進入自己所需的時機或環境之中，然後一舉擊潰。

實施這種技法的關鍵，在於「引」。「引」有兩個環節：

時機與環境。何時引，每一步引到什麼程度，所引適不適合，都要考慮面臨的機會，操之過急或行動遲緩，都不相宜。

■**巧妙與自然**。引，既然是要對手按照自己的想法發展，這就要求引者不能露出破綻，必須天衣無縫，自然天成，一步一步的向預定目標靠近。

滿足對方過分的欲求

俗語說得好，一個人要是給了別人足夠多的「小辮子」，他自己終將會自食其果。這種人會不斷的供給別人將他鉗制的要素，由於授人以柄，迫不得已會受求其辦事者的要脅和控制。

以上的招數，是辦事時佔據主動的有效方法，許多時候要多種技巧並用，這就是所謂求人辦事中的「立體戰爭」。

後退是為了跳得更遠

很多人都看過跳遠比賽，跳遠選手們為了跳得更遠，都要往後退上好幾步，然後助跑上一長段距離，這樣才可以跳得更遠。然而，人們不懂得把這種簡單的道理應用在現實生活中，往往是為了一些小的利益與別人互不相讓，結果是兩敗俱傷。

聰明的人，往往會懂得變通之法，他們不會正面與人反駁，而是給對方一些小甜頭，要知道，做出這些小的讓步是為了獲得更大的利益。他們的這些小伎倆往往會得逞。有時候，甚至對方都清楚這種伎倆，但是卻心甘情願的願意「上當」，這是為什麼？因為人們都有一種共同的心理，那就是：要得到別人足夠的尊重，尤其是對那些握有權勢或者有財力的人來說，更是如此。只要你給他一些小的讓步，他就會滿足你更大的要求。

哈蒙曾經被譽為全世界最偉大的礦產工程師，他一生有許多令人感動的故事。他從著名的耶魯大學畢業後，又在德國弗萊堡人學攻讀了三年，畢業回國後尋找職業的逸事，就是「讓對方小獲勝利」的典型例子。

他去找美國西部礦業主哈司托，哈司托是一個脾氣執拗、注重經驗的人。他不太信任那些文質彬彬的專講理論的礦務工程技術人員。

哈蒙向哈司托求職時，哈司托說：「我不喜歡你的理由就因為你在弗萊堡做過研究，我想你的腦裡一定裝滿了許多傻子一樣的理論。因此，我不打算聘用你。」

於是，哈蒙假裝膽怯，對哈司托說道：「如果你不告訴我的父親，我將告訴你一句實話。」哈司托立刻表示他可以守約。哈蒙便說道：「其實在弗萊堡時，我一點學問都沒有學回來，我只顧著工作，多賺一點錢，多累積點實際經驗了。」

哈司托立即哈哈大笑，連忙說：「好！這很好！我就需要你這樣的人，你明天就來上班吧！」

敏銳的人在對付反對意見的時候，常常盡量使自己作些「小讓步」。每當一個爭執發生的時候，他們總是在心裡盤算著：「關於這一點，能否做一些讓步而不損害大局？」

在有些情況下，別人爭論不休的論點，對自己來講反而不那麼重要。比如，哈蒙從哈司托口中得來的偏見，在這種情況下，他需要的不是斤斤計較，而是尊重對方的意見，維護對方的「自尊心」。

美國著名的顧問尼一韋作為賀華勃及羅克法茵等許多大名鼎鼎的人物諮詢決策人，他曾經很妥善的幫助他們解決一個個非常難處理的事件。

尼一韋想請英國著名的阿絲狄夫人，給剛在紐約動工的阿斯托尼亞大飯店舉行奠基典禮。「不行，」阿絲狄夫人說，「此事恕我不能答應，你們之所以需要我，只是讓我為你們旅館做做廣告而已。」

尼一韋的話的確使人大吃一驚。「夫人，的確如此，」尼一韋接著說，「然而，你也不會一無所獲，你也可以藉此接近廣大群眾。因為，這個典禮將由廣播電視向全國轉播。」後來他又向她聲明，他們不希望她發表什麼演說，只是要她到場露一下面就行了，並且反覆強調此舉的意義。最後，阿絲狄夫人便應允下來，答應出席他們的奠基典禮。

從這裡我們可以看出，尼一韋能使阿絲狄夫人答應的真正原因，還是在於他開始的時候，使夫人感到出其不意的讓步。阿絲狄夫人說：「他們需要我做廣告，這是我不願意的，然而他卻坦白的承認這一點。在這一點上，他表示出了讓步。」接下來，尼一韋迎合了阿絲狄夫人的想法去勸說她，結果他終於取勝了。

英國曾經有一位著名的首相，名字叫勞合喬治，他在這個方面有自己獨特的見解，被稱之為「圓融的勸誘術」。一個喬治的研究者對此做出如下解釋：「喬治常常是在別人以為他已經失敗了的時候獲得勝利的。他懂得什麼時候應該犧牲一點而最終取得全局的勝利。」

有時候，的確要造成使人有反對餘地的局面，以讓對方小獲勝利。碰到這種情況的時候，我們不妨故意預備好一些無傷大局的枝節，讓對方表示反對，然後做出有目的的讓步。

曾經有一位廣告家，為了做一些讓步，故意在一幅畫著一隻貓的油畫上，在那隻貓脖子上畫了一個多餘的紅圈。這幅畫是給一個脾氣古怪的管理人鑑定的。他一見此畫便咆哮起來：「幹嘛畫上個紅圈！趕緊將它取消！」於是，這位廣告家一聲不吭的用顏料把那個紅圈塗掉了，這位鑑定者也無話可說，便願拿出一個較高的價錢將畫買下。這個小小的「紅圈」枝節，使廣告家戰勝了這位十分難打交道的管理人。

因此，無論在什麼時候，應付別人反對的唯一的好方法，就是在小的地方讓步，以保證大方面的取勝。此外，在有些特殊場合，應該將你的意見暫時收回。

最後的一計

在求人辦事時還有一個訣竅：抓住對方的心理弱點，攻其一點，不計其餘，在對方最重要的地方下手。特別是事關生死時，對方一定會讓步，這常常被人們稱為「最後的一計」。

戰國時期，齊國人張丑被送到燕國做人質，不久，齊、燕兩國關係緊張，燕國人想把張丑殺掉。

張丑得了消息，立即尋機逃走，尚未逃出邊境，就被燕國一官吏抓住。

張丑見硬闖不行，便對官吏說：「你知道燕王為什麼要殺我嗎？」

官吏答：「不知。」

「因為有人向燕王告了密，說我有許多財寶，但是我沒有什麼金銀財寶，燕王偏偏不信我。」張丑說到這裡，接著又說：「我被你捉到了，你會有什麼好處？」

「燕王懸賞一百兩銀子捉你，這就是我的好處。」

「你肯定拿不到銀子！如果你把我交給燕王，我肯定會對燕王說，是你獨吞了我所有的財寶。燕王聽到後一定會暴跳如雷，到時候你就等著陪我死吧！」張丑邊說邊笑。

官吏聽到這裡，更是心慌，越想越害怕，最後只好把張丑放了。

張丑得以死裡逃生，全靠他的這番話，他成功的原因在於抓住官吏的心理弱點，然後一擊而中。

此外，事關對方名譽和自尊時，對方也一定會讓步。

在美國，關於第二任總統亞當斯的故事很多，他有一個令報社記者非常失望的特點：那就是不願輕易表露自己的觀點。有一位叫安妮・羅亞爾的女記者一直很想瞭解總統關於銀行問題的看法，可是屢次採訪都同樣沒有結果。

後來，她瞭解到總統有一個習慣，喜歡在黎明前一兩個小時起床、散步、騎馬或去河邊裸泳。於是她心生一計。

一天，她尾隨總統來到河邊，先藏身樹後，待亞當斯下水以後便坐在他衣服上喊道：「游過來，總統。」

亞當斯滿臉通紅，吃驚的問：「你要幹什麼？」

「我是一名女記者。」她回答道，「幾個月來我一直想見到你，就國家銀行的問題採訪一下。我多次到白宮，他們不讓我進去，於是我觀察你的行蹤，今天早上悄悄尾隨你從白宮來到這裡。現在我正坐在你的衣服上。你不讓我採訪就別想得到它，是回答我的問題還是在水裡待一輩子，隨便。」

亞當斯本來想騙走女記者，「讓我上岸穿好衣服，我保證讓你採訪。請到樹叢後面，等我穿衣服。」

「不，絕對不行，」羅亞爾急促的說，「你若上岸來抱衣服；我就要喊了，那邊有三個釣魚的。」

最後，亞當斯無可奈何的待在水裡回答她的問題。

總統的面子重要，丟不起，女記者要的就是這個。

最後的一計，是一種鋌而走險、不到十分必要的時候不要使用它的「險招」。當你實在無計可施的時候，這也是一種能夠救你「命」的好方法，不過運用時要加以注意：第一，不會對對方造成傷害；第二，只可以對同一個人使用一次，若用第二次，說不定對方一怒，反而會產生相反的效果，使你得不償失。

一點點的加減

掌管美國好樂公司三十億美元資產的副總裁艾麗莎・巴倫二十歲時，曾經當過一家糖果店的店員。顧客特別喜歡她，總是專門等著她服務。有人好奇的問艾麗莎：「為什麼顧客都喜歡找你，而不找其他售貨員，是你給的特別多嗎？」

艾麗莎搖搖頭說：「我絕對沒有多給他們，只是其他售貨員秤糖時，起初都拿得太多，然後再一點點的從磅秤上往下拿。我是先拿得不夠，然後再一點點的往上加，顧客自然喜歡我了。」

她抓住人們心理的微妙變化，一點點的往上加比一點點往下拿，心理上要舒服得多。

一個退休老人在鄉間買下一座宅院，打算安養餘年。

最初一個禮拜很安靜，但不久有三個年輕人開始在附近踢所有的垃圾桶。這個老人受不了他們發出的聲音，出去跟他們談判。

「你們幾個玩得很開心。」他溫和的說，「如果你們每天過來踢垃圾桶，我給你們每人一塊錢。」這三個年輕人很高興，他們使勁的踢所有的垃圾桶。

隔幾天，這個老人帶著愁容去找他們。

「通貨膨脹減少了我的收入，」他說，「從現在起，我只能付給你們每人五毛錢。」

這雖然使製造噪音的人不開心，但還是接受老人的錢，每天下午繼續踢垃圾桶。

一個禮拜以後，老人再去找他們。

「瞧，」老人說，「我最近沒收到養老金，所以每天只能給你們兩角五分，可以嗎？」

「只有兩角五分？」一個年輕人大叫，「你以為我們會為了兩角五分浪費我們的時間在這裡踢垃圾桶？不成，我們不幹了！」

從此以後，這個老人又過著安靜愉快的日子。

社會心理學家弗里德曼和費拉瑟曾做過一項調查研究：他們先挨家挨戶找家庭主婦在一份所謂的「安全駕駛請願書」上簽名，幾乎所有的家庭主婦都答應了這項不費多少力氣的要求；幾天後，他們又要求這些家庭主婦答應在她們的私人庭院裡立一塊不太美觀的牌子，上面寫著「小心駕駛」。結果有五〇%的主婦同意了，另一組被直接要求在庭院裡立牌的主婦中，只有一八%的人接受這個主意。

前者為何是後者的三倍？心理學家的解釋是，同意提供小的幫助的人等於給自己提供這樣一種自我感覺：自己是一個樂於助人的人。接著，她們就會以一種與這種自我感覺相一致的方法去行動，進而有更多的奉獻。答應了「一寸」之後，她會養成對你說「是」的習慣，對你「一尺」的要求也很難察覺。

反之，如果把這個道理反過來，巧妙的利用減法，也會達到相應的目的。

窮人反而好辦事

一天，車窗外風和日麗，大偉和珍妮的心情都好極了。

「今天我又做了一件好事。」大偉把音響的聲音轉小，很得意的對女友珍妮說。

「什麼好事？」

「你知道那個小徐吧！」

「小……徐，噢，就是你們銀行櫃檯那個新來的同事。」珍妮的記性不錯。

「是啊！」

「那個人看起來呆呆的，是不是出什麼事了？」

大偉抿抿嘴，一抹得意的笑容掛在嘴角：「那還用說，今天嚇得差點尿了褲子。」

「真的？」珍妮的興趣提高了。

大偉點點頭說：「今天他忙昏了頭，竟然多放了疊鈔票在客人的袋裡，這一疊就是五千元。」

「天啊！那他不是賠死了。能不能找得到那個客人啊？」珍妮同情的說。

「就算找得到，他也不見得會承認！」大偉說。

「慘了，小徐只好認賠了。」

「嘿！有我這個諸葛亮在，他慘不了！」大偉神氣活現的說。

「小徐哭喪著臉來找我商量，我出了一個主意，對他說：『有存摺就有客戶資料，你就打電話給那個客戶，對他說你不小心多給了他一萬元。』」

「一萬元？不是才五千元嗎？」珍妮插嘴。

「別急，你聽我說嘛！小徐就照著我說的打電話給客戶。結果不出所料，那位客戶一聽，想也沒想馬上說：『一萬元？只看到多了五千元啊！』」

加減法在辦事的過程中有奇妙的作用，一般人因為不會運用，也不會加以注意。其實，這種方法如果運用得好，能夠產生事半功倍的效果。當然，具體何時用加法，何時用減法，還要具體情況具體分析，進而辦成一般方法辦不成的事。

求人辦事十一招

求人辦事，也有一定的招數。如果瞭解這些招數，你在辦事的時候就會表現得熟絡，信手拈來。如果你不瞭解，就會表現得像一個完全的新手，處處手忙腳亂，捉襟見肘。這是一種不好的表現，會讓辦事的對象對你信心不足，進而考慮是否給你幫忙。

具體說來，求人辦事有以下一些方法：

謙虛

在表達有關意思時不用「我」而使用其他比較謙虛的自我稱號，以免盛氣凌人，令人反感。例如：「晚輩失禮了，這點小事還要打攪先生。」

表示謙虛，這也是禮貌交往的 個重要原則，在比較正式的場合，尤其需要如此。

注意措辭委婉

在表達有關意思的時候，把時間、地點等方面的視點推遠。例如：「那種事情費不了你多大的力氣。」

陳述相關規定

就是在表達有關意思時把有關規定講述一下，而不使用直接指明對方的話語。例如：「主管規定這件事由我負責，所以我非求你不可。」在為公務求人時，陳述規定是一種比較通行的做法，比以個人的口氣發號施令要禮貌得多。

在平常規勸人的時候，這種方法有時也適用。

不要做忘恩負義的人

在提出請求、願望時，莫忘表示自己將對人非常感激，並且會銘記人家所做的一切。例如：「如蒙鼎力相助，我們將不勝感激。」「你的大恩大德，我們終生不忘。」

尊重別人的辛勞，特別是重視別人對自己的幫助，這是人際交往的一條重要原則，應該在語言中表達出來。

表達自己左右為難的心態

就是使用自相矛盾的話把有關意思表達出來。例如：「我本來不想跟你提這件事，但還是提了。」回答人家的問話，有時候表示肯定不好，表示否定也不好，這時使用模稜兩可的話比較合適。

用「反話」督促對方辦事

使用反話來表示親密的揶揄、暗暗的責備，以免話語過分呆板，令人感到不自在。例如：「你真會開玩笑！」（實際上對方不開玩笑）「朋友找你幫忙，看你多熱心！」（實際上他很冷漠）

反話要是使用得當，可以打破僵硬的對話氣氛，密切雙方關係，並且顯得輕鬆愉悅。

向對方討一個主意

透過反問式修辭問句把有關意思表達出來，以免直陳己見，顯得缺乏涵養。例如：「我能怎麼辦？」（比較：事情太糟了，我什麼辦法也沒有。）

在有些語言場合，使用反問式的疑問句確實比直陳意見要委婉、得體一些。

間接的表達看法

就是使用含有多種解釋的話語，把有關看法間接的表達出來，以免直接與對方產生分歧，例如：「這可是一件見仁見智的事情。」（你說好也行，你說不好也行。）

對某件事發表意見，在不清楚對方觀點和態度的情況下，最好不要隨意表態。含糊一點，靈活一點，可能更好一些。

「含沙射影」的說明看法

就是用不點名道姓的方法把有關意思表達出來，以免叫人面子難堪。

例如：「好像有人在上面卡我們。」（比如：這件事是你幹的。）

在遇到有人故意刁難、請求對方高抬貴手時，不把事情點破，盡量照顧人家的面子，是非常有益的。

將大事簡單化

就是使用籠統的話把有關建議或要求表達出來，避免呼來喝去，令人反感。叫人做事，有時只要講講必要性就可以了，如果加一點詞語，效果會更好。

點到為止

就是使用說半句留半句的方法把有關想法或要求表達出來，做到點到為止。例如：「我們公司已經半年沒發工資了。你們一下子收這麼多管理費……」

直截了當阻止別人做某事是頗為令人惱火的，有時只要把不好的可能性稍稍點一點，人家就很明白了。

以上就是求人辦事的一些固定招數，假若你需要求人辦事，就要把以上的一些招數牢記在心，在辦事的過程中你會發現，用與不用的效果是不一樣的。不過，其中如何運用以及運用哪一招，就需要你細細體會。

重視善後工作

辦事者以交涉作為事業的重心。所謂「人生不如意事，十有八九」，這句話在任何場合都很適用。交涉者常有彼此意見不同的時候，換句話說，順利時總比不順利的時候來得少，對於此點，你一定要看得透徹。

也就是說，當你與對方言談交涉，感覺話不投機時，你最好能看開一點，不必與其多費唇舌。既然多說無益，不如乾脆撤退。

至於什麼時候撤退，你應該看得透徹一些，請把握以下三個原則：

- 與交涉對方發生無法解決的情況時。
- 不能完全把握對方情況時（情報、資料搜集不夠充分）。
- 自己所犯錯誤足夠損及雙方友誼時。

每個人都希望掃除眼前的疑竇，只是有時候常常力不從心，發現再怎麼深思熟慮也解決不了問題時，不如及早看透了比較好。

拒絕別人，以及被人拒絕，這在如今社會，已經成為家常便飯了。遇到此種情況，應該如何自處，前面已經談過，最重要的還是要能夠替對方著想，並保持良好的風度。

如果雙方在分別的時候可以保持良好的關係，彼此期待將來尚有相會握手的時候，這次成功的拒絕，就算是為將來的事業播下一顆新的種子。說不定這顆新種子，在不久的將來就會開花結果！

雖然在你遭人拒絕時，心情是不可能愉快的，但是你還是要顧全大局，盡量裝出微笑，留給對方一個美好的印象。

至於拒絕者本身，也應該預先料到被拒絕者的反應，必須以同情的話語和態度相待，不可以輕蔑、張狂。對於對方的善後工作，也必須盡快去處理。比較理想的方法是打電話、發郵件，或者親自登門拜訪，以誠摯的態度來彌補此次交涉失敗的不愉快經歷。

一第三章一

不認識人，要怎麼辦事？

示弱小

作為窮人，在社會中是弱勢群體，處於相對較低的社會地位。許多窮人都有過這樣的經歷，因為自己的弱勢地位而辦不成事。其實，窮人在辦事時可以利用自己的這種弱勢地位。因為人們往往都具有同情心，尤其是面對一些弱者，總會產生一種想保護對方的感覺，這是心理學上的一種效應，跟人的身分無關，跟人的財勢也無關。因此，窮人可以適當的示己之弱，讓對方產生憐憫之心，進而願意幫你的忙。

當眾出醜背後的機會

在眾人面前出醜不是表示你愚笨，這種示弱的做法反而更讓人覺得親近。

有一個叫艾蜜莉的女孩，她只會說一些法語，卻毅然飛往法國去做一次生意旅行。雖然人們曾告誡她，「巴黎人很看不起不會講法語的人」，但是她堅持在展覽館、在咖啡店用法語與每個人交談。

難道她不怕結結巴巴、不怕語塞傻笑出醜嗎？一點也不。因為艾蜜莉發現，當法國人對她使用的虛擬語氣大為震驚過後，許多人都熱情的向她伸出手，為她的「生活之樂」所感染，從她對生活的努力態度中得到極大的樂趣。他們為艾蜜莉喝采，為所有有勇氣做一切事情而不怕出醜的人歡呼。

人們都想在別人面前表現自己聰明的一面，但又怕辦砸事情在眾人面前出醜。這似乎是對立的兩件事，聰明人絕不會出醜，出醜的人必然是笨蛋。然而，實際生活卻並非如此。最聰明的人有時簡直就像一個大傻瓜，他們當眾出醜，卻若無其事，他們被人嗤笑卻不以為然。然而，他們就這樣「聰明」起來。

的確，如果要改變自己的生活位置、辦事規矩，人們總要冒出醜的風險。除非你決心在一個地方上「釘死」了。不要擔心出醜，否則你就會沒有什麼出息，什麼事情都做不了，更不要說成就大業，而且更重要的是你同樣不會心緒平靜、生活舒暢，你會因為困於靜止的生活又時時渴望變化的願望而痛苦煎熬。也許你應該記住這一點，由於人們害怕辦事出醜，因此失去許多辦事成功的機會而會長久的感到後悔。

讓我們記住法國的一句諺語：「一個辦事從來不出醜的人，不是一個他自己想像的聰明人。」大愚若智，積愚成智，辦事的哲學就在此了。

激發同情心，難事不難辦

大多數人都具有同情心，面對求情者的眼淚和哭訴，聽者就算是鐵石心腸，也免不了會動心的。但這不是說，求人辦事都要擺出一副可憐兮兮的樣子，流下幾滴眼淚。而是說，當我們在求人解決問題時，應該調動聽者的同情心，使聽者先從感情上與你靠近，產生共鳴。這就為你問題的解決與事情的辦成打下了基礎。人心都是肉做的，只要你將實際的情況和你內心的痛苦如實的說出來，處理者是會動心的。

同情心可以促進當權者對受害人的理解，但這不等於說馬上就會下定處理的決心。因為處理者要考慮多方面的情況，有時會處於猶豫之中，甚至會抱著多一事不如少一事的態度，不想過問。這個時候，求情辦事者就得努力激發被求者的責任感，要使被求者知道，這是在他職責範圍內的事，他有責任處理此事，而且能夠處理好此事。

美國曾經有一位老婦人向在律師事務所工作的林肯律師哭訴她的不幸遭遇。原來，她是一位孤寡老人，丈夫在獨立戰爭中為國捐軀，她靠撫恤金維持生活。前不久，撫恤金出納員勒索她，要她交一筆手續費才可領取撫恤金，這筆手續費是撫恤金的一半。林肯聽後十分氣憤，決定免費為老婦人打官司。

由於出納員是口頭勒索，沒有留下任何憑據，因而指責原告無中生有，形勢對林肯極為不利。但是他十分沉著、堅定，他眼含著淚花，回顧了英帝國主義對殖民地人民的壓迫，愛國志士如何奮起反抗，如何忍饑挨餓的在冰雪中戰鬥，為了美國的獨立而拋頭顱、灑熱血的歷史。最後，他說：

「現在，一切都成為過去。一七七六年的英雄，早已長眠地下，可是他們衰老又可憐的夫人，就在我們面前，要求申訴。這位老婦人從前也是一位美麗的少女，曾與丈夫有過幸福的生活。不過，現在她已經失去了一切，變得貧困無靠。然而，享受著烈士們爭取來的自由幸福的某些人，還要勒索她那一點微不足道的撫恤金，她還有良心嗎？她無依無靠，不得不向我們請求保護時，試問，我們能視若無睹嗎？」

法庭裡充滿哭泣聲，法官的眼圈也發紅了，被告的良心也被喚醒，再也不矢口否認了。法庭最後通過了保護烈士遺孀不受勒索的判決。

沒有證據的官司很難打贏，然而林肯成功了。這應該歸功於他的情緒感染、駕馭了聽眾及被告的心理，達到理智與情緒的激發。

如果僅靠情感打動不了對方時，還有一著就是激發起所求之人的責任心，同情心與信任心

窮人反而好辦事

一旦互動被激發，事情辦成就八九不離十了。

在求人辦事時，激發對方的同情心和責任感是十分重要的，當你巧妙的點醒對方身負的責任和手中的權力時，會使對方衍生出一種自豪感，使他得到應有的尊重，並同時站到了你的立場上。到了這個時候，再難辦的事情也能辦得成。

不僅僅是女人的眼淚，男人的眼淚有時比女人的更有用。這是因為一般人都相信「男兒有淚不輕彈」。一旦男人流下眼淚，一定會使在場的人丟盔棄甲而逃。

一家公司曾經用一年時間來解雇一位員工，但卻怎麼也下不了決心，原因是這個高大魁梧的領班擅長哭。

事情的經過是這樣的：在過去的十二個月當中，人事部經理與這位領班會晤了四次。而每次都在尚未進入主題時，領班已經泣不成聲了。也許是他演戲的天分，對這位人事經理已經達到絕佳的效果。每次經理都對公司領導者說：「如果必須開除他，你們自己去說吧！我辦不到。」就這樣，領班一直在那家公司做事。

日本國會有一次在討論政治倫理問題時，中曾根首相為了徵詢田中角榮的意見而和他會晤。在談話中，前首相田中感歎的說：「我聽孫子說，在學校同學們都譏笑他，所以不想上學了。我心裡很難過，爺爺的錯誤竟然要孫子來承擔。」說罷，已是淚流滿面。

中曾根首相看了，不禁也熱淚盈眶，並立刻告訴田中：「我們必須在政治與倫理之間訂立規範。」敏感人士認為，中曾根首相被田中的眼淚矇騙了。

一般的人都是有感情的，只要你能博得同情，你的所求目的就可達到。

在日本的一次國會議員選舉中，有一位田中派的候選人，由於田中形象的陰影使他處於不利的形勢，但是仍然當選了。他就採取「我被沉重的田中事件的十字架壓得透不過氣來」等低姿態，以流淚來爭取選民的同情，而他的夫人也立於街頭，向來往的行人哭訴，因此獲得了多數民眾的同情票。

在辦事過程中，淚水是最厲害的一種武器，這一點是無可否認的。被求的一方往往因為對方的淚水而激發自己的情感，進而對對方的請求一一應允。鐵石心腸的人畢竟只是極少數。

示「敵」以弱，化「敵」為友

大多數人是愛護弱小者的，當你把自己的弱點展示出來時，很多人就不會把你當作一個「完人」，在很大程度上，你的「敵人」也會放下對你的敵意，慢慢接受你。

有一位記者去採訪某個政治家的下屬醜聞的真相。這位政治家明白記者的來意後，把興致

窮人反而好辦事

勃勃開始質問的記者攔住：「時間多的是，慢慢來好了！」然後一屁股重重的坐下。

他的這種態度，首先就把記者的開場白抑制住了。

過了不久，咖啡送來了。

隨後，採訪不斷的被這個政治家製造的偶發事件打斷。那個政治家看來像是不敢喝熱飲的人，剛喝了一口咖啡便大叫起來：「燙死了！」把杯子都打翻了。

收拾告一段落後，談了一會兒，政治家又把香菸放顛倒了，就要在濾嘴上點起火來。「先生，香菸放反了！」由於記者的提醒，政治家便慌慌張張把煙頭給換回來，以致把菸灰缸也碰倒了。

據說，只要大喝一聲，就可以讓普通的國會議員發抖的這位了不起的政治家，卻讓記者意外的看見這些醜態。因此，在不知不覺中，記者的挑戰情緒消失，甚至對這位大人物感到親切不已。

但是，是不是政治家真的這麼弱？顯然不是的，他的那些做法只能說是這個政治家耍的一個手腕。

人們在看到眼前威嚴的人露出醜態和弱點時，對這個人所抱的緊張感就會消失，相反的還具有接受這個人的傾向。反用這種傾向，也可以藉著故意顯露自己的醜態，使對方疏忽，甚至也可能將對方拉攏成為自己人。在為人處世中，要使別人對你放鬆警惕，給人以親近之感，只要你很巧妙的、不露痕跡的在他人面前暴露某些無關痛癢的缺點，出一點洋相，顯示自己不是一個高高在上、十全十美的人物，這樣就會使人在與你交往時鬆一口氣，不以你為敵，這就是故意示弱給人看。

有一個在一流企業擔任要職的人，他在榮升經理時，在就職的寒暄中宣布：

「我一向對數字感到頭痛，所以希望大家多多幫忙！」

只憑這句話，就讓為了迎接能幹的經理而戰戰兢兢的屬下們的緊張感一掃而空。

但是，當屬下提出書面報告時，他卻總能一眼看出差錯：「這個數字有錯喲！」若無其事的督促其注意。這個指正其實很細微而且相當重要，這樣繼續一段時間，就會建立一種評語：「經理說他什麼都不懂，其實卻是相當不含糊！」短期內屬下對他的信賴感也增強了。

如此這般，為了解除人們的警戒心和緊張感，並且拉攏他人到己方，暴露自己的缺點、弱點，是能發揮相當功效的。這一點大概可以說是越用在頭銜顯赫的人身上，越可以產生絕大的威力。

智求保全施計謀

天有不測風雲，人有旦夕禍福，很多事情都是難以預料的。要處理好這類事情，必須學會隨機應變。俗話說：「留得青山在，不怕沒柴燒」就是最好的辦事哲學。

三國時期，曹操擊敗呂布，奪取了徐州，劉備因為自己勢單力薄，只好隱藏自己大展宏圖的夙願，暫時依附於曹操。曹操原本對劉備不放心，消滅呂布以後，讓車冑鎮守徐州，把劉、關、張一同帶回許都。既然歸順於他，也就得給些甜頭，於是曹操帶劉備進見獻帝，論起輩分，劉備還是獻帝的叔叔，所以後來人家叫他「劉皇叔」。

劉備原來就是豫州牧，這次曹操薦他當上了左將軍。曹操為了拉攏劉備，對他厚禮相待，出門時同車而行，在府中同席而坐。一般人受到如此的禮遇，應該高興，而劉備卻正好相反。曹操越看重他，他越害怕，怕曹操知道自己胸懷大志而容不下他，更怕「衣帶詔」東窗事發。

原來，獻帝想擺脫曹操的控制，就寫了一道討滅曹操的詔書，讓董承的女兒董貴人縫在一條衣帶中，連一件錦袍一起賜給董承。董承得到這道「衣帶詔」，就聯合了吳子蘭、王子服和劉備結成滅曹的聯盟。此事事關重大，一點風聲也不能透露。

於是，劉備裝起糊塗，在後花園種起菜來，連關羽、張飛都摸不透大哥為什麼就活得這麼窩囊。一天，劉備正在後花園澆水種菜，張遼、許褚未經通報就闖進後花園，說曹操有請，馬上就去。

當時，關羽、張飛正對劉備那種悠閒自得的行為不滿，一起出城練習射箭。劉備只得孤身一人去見曹操，劉備心中忐忑不安：難道董承之謀敗露了？因為心裡有鬼，所以更加緊張。

曹操見了他，劈頭就是一句：「你在家裡幹什麼好事呀！」

劉備覺得臉上的肉都僵了，兩條腿直發抖，嚇得一時說不出話來。幸好曹操長歎了一口氣後，又冒出一句：「種菜也不是一件容易的事呀！」

劉備這才知道曹操所說的「好事」不是指謀反，提到喉嚨的那顆心才暫時放了下來。曹操拉著劉備的手，一直走到後花園。曹操指著園中尚未成熟的青梅果子，對劉備講起前不久征討張繡時發生的「望梅止渴」的故事來：「征途中酷暑難忍，將士們口乾舌燥，我就用馬鞭指著前方一片樹林說，前面有一片梅林，梅果青青，可以解渴了。將士們一聽『梅果青青』，不覺人人牙酸流涎，喉嚨一時竟然不渴了。今天，我看到這個後花園的青梅，不由得想起舊事，特地請你來賞梅飲酒。」

劉備此時仍然是驚魂未定，雖然心不在焉，卻還是故作認真的聽著。六月的天，孩兒的臉，說變就變。剛才還是大晴的天空，現在卻湧起團團烏雲，疾風吹得梅樹刷刷的響，常言道「風是雨的頭」，曹操忙拉上劉備躲到小亭子裡。劉備這才發現，亭中已經備好一盤青果，一壺剛剛煮好的酒，知道是曹操早有準備。

二人對面坐下，開懷暢飲，天南地北閒聊起來。曹操為什麼要請劉備來喝酒？原來，他是想趁酒後話多的時候，探測劉備的真心，看他是不是也像自己一樣，不甘人下，有稱王稱霸的雄心。

酒喝得正來勁的時候，曹操發話了：「玄德，你久歷四方，見多識廣，請問，誰稱得上是當今的英雄？」

劉備沒有提防曹操突然談這個話題，一時不知他葫蘆裡賣的什麼藥，只好搪塞道：「我哪配談論英雄？」

可是曹操決意要劉備說個清楚，劉備心裡已對曹操的用意猜出八九分。於是開始裝糊塗了，他略一思索說：「淮南的袁術，已經稱帝，可以算作英雄吧！」

曹操笑著說：「他呀，不過是墳中的枯骨，我這就要消滅他！」

劉備又說：「河北的袁紹，出身高貴，門生故吏滿天下，現在盤踞冀州，謀士多，武將勇，可以算作英雄吧！」

曹操又笑了笑說：「袁紹外表很厲害，膽子卻很小；雖然善於謀劃，關鍵時刻卻猶豫不決。這種做大事怕危險、見小利不要命的人，可算不上是英雄。」

劉備又說：「劉表坐踞荊州，被列為『八俊』之首，可以算作英雄嗎？」

曹操不屑的說：「劉表徒有虛名而已，也不能算英雄！」

劉備接著說：「孫策血氣方剛，已經成為江東的領袖，是英雄吧！」

曹操搖搖頭說：「孫策是憑藉他父親孫堅的名望，算不得英雄。」

劉備又說：「那益州的劉璋能算英雄嗎？」

曹操擺擺手說：「劉璋只仗著自己是漢家宗室，不過是一個看家狗罷了，怎麼配稱英雄？」

劉備見這些割據一方的軍閥都不在曹操眼裡，只得說：「漢中的張魯，西涼韓遂、馬騰這些人呢？」

曹操一聽劉備說出的盡是一些二流的名字，禁不住拍手大笑說：「這些碌碌小輩，何足掛齒呀！」

劉備聽得搖搖頭說：「除了這些人，劉備我孤陋寡聞，實在不知道還有誰配稱英雄了。」

曹操停住笑聲，盯著劉備說：「英雄，就是要胸懷大志，腹有良謀。所謂大志，志在吞吐天地；所謂良謀，謀能包藏宇宙。」說罷，他仔細觀察劉備的反應。

劉備佯裝不知，故意問：「誰能稱得上？」曹操指指劉備，又點點自己，神秘的說：「現在稱得起英雄的，只有你和我呀！」

一聽這話，劉備不由得心中一震，嚇得手一鬆，筷子掉到了地上。此時，恰巧閃電一亮牽出一串震耳欲聾的霹靂，轟隆隆炸得天都要裂了。劉備彎腰拾起筷子，緩緩的說：「天威真厲害，這響雷幾乎把我嚇壞了！」

曹操透過對世上英雄的一番議論，觀察到劉備聞雷時丟掉筷子的情景，以為劉備不僅是一個目光不夠遠大之人，而且是讓驚雷震掉了筷子的膽小鬼，禁不住哈哈大笑起來。

自此，曹操對劉備的戒備也就鬆弛了許多，最終使得劉備尋得脫身到徐州的機會。劉備正是一味裝呆作癡，隱真示假，隨機應變，給曹操一種錯覺，才使自己的利益、性命在巧妙的應變中得到保存。

《三國演義》中的這個故事，道出一番深刻的哲理：當你處於一種相對危險的環境時，保全自己才是最上之策，這是辦事的頂級策略。事情並非非要當時就辦，只要自己安全，過些時日另圖他謀，也不是不可以。重要的是，要在保全自己的前提下，再把事情辦成，這才是上上之策。

捆硬柴要用軟繩

有時候，辦同樣一件事，有些人能順利的辦下來，有些人卻感覺難以辦成。差別如此懸殊，原因肯定不在他們的辦事能力大小上，而是在於方法策略或態度上。比如面對一件棘手的事，對手又是一個吃軟不吃硬的人，你就要考慮如何化解他的冥頑和僵硬。也許最好的方法是收斂一切有稜角的東西，把自己降到一個低下的位置，所謂捆硬柴要用軟繩，就是指找到對方的弱點，打動他心中最柔軟的那個部分，事情也就會變得好辦多了。

在經濟蕭條時的美國，一個十七歲的孤女在她寡母的支持下好不容易才找到一份在高級珠寶店裡當售貨員的工作，還是暫時試用。新年快到了，店裡的工作特別忙，女孩做得很認真，因為她聽經理對別人說有留下她的意思。

這天，她來到店裡上班，把櫃檯裡的東西拿出來整理。這時她瞥見那邊過來了一位三十歲左右的顧客，他幾乎是這個不幸時代貧民的縮影：一臉的憤怒，襤褸的衣衫。他用一種不可企及的、貪婪的眼光盯著那些高級首飾。

突然，電話鈴響了，女孩急著去接電話，一個不小心，把一個盒子碰倒了，六枚精美絕倫的鑽石戒指落到地下。她慌忙四處尋找，撿起了其中的五枚，可是第六枚戒指呢？怎麼也找不著。女孩急出了一身汗。這時，她看到那個三十歲左右的男子正向門口走去，頓時，她知道了戒指在哪裡。當男子的手將要觸及門把時，女孩柔聲叫道：

「對不起，先生！」

那個男子轉過身來，兩人相視無言足足有一分鐘。「什麼事？」他問，臉上的肌肉在抽搐。「什麼事？」他又問。

「先生，這是我的第一份工作，現在工作很難找，不是嗎？」女孩神色黯然的說。

男子久久的注視著，終於，一絲柔和的微笑浮現在他的臉上，「是的，的確如此。」他回答，「但是我敢肯定，你會在這裡幹得不錯。」

停了一下，他向前一步，把手伸給她：「我可以為你祝福嗎？」

女孩伸出手，兩手緊緊的握在一起，她用十分柔和的聲音說：「也祝你好運！」

他轉過身，慢慢的走向門口，女孩目送他的身影消失在門外，轉身走向櫃檯，把手中握著的第六枚戒指放回原處。

這本來是一起盜竊案，一般情況下，人們會採用抓住盜竊者的方法來追回贓物。但女孩沒有，她是用可憐的口吻，乞求盜竊者良心發現，進而避免一場紛爭。不難想像，如果女孩一旦聲張，盜竊者必不承認。其結果，不僅女孩要賠償損失，連那來之不易的工作也許會從此失去。何況對方本來就因為失業而心存不滿，倘若發生傷害的事情，可就更得不償失了。

人皆有同情弱者之心，也都有在競爭中忽視弱者的想法。以弱者的態度賺取同情在有些時候也能達到征服人的目的。而顯示出自己弱於對方的一面，就能有效的避免雙方的戒備和爭鬥，兵法有云：「不戰而屈人之兵，乃善之善者也。」因此，你在做人辦事中就有必要掌握這種技巧，更重要的是把它培養成一種心態和習慣。用軟繩捆硬柴，結實又保險。

委曲求全，以圖大事

春秋時期，吳國國內局勢混亂，各位王子為了爭奪王位展開血腥的爭鬥。吳王余眛病逝以後，余眛的兒子僚便繼承了王位，成了吳王僚。公子光眼睜睜的看著本來應該屬於自己的王位，竟然一而再，再而三的被他人所得，心如油烹，十分痛苦。然而，一位有謀略的政治家，審時度勢是其重要的素質。公子光深知自己羽翼未豐，朝廷裡缺少忠耿之士，手下也沒有什麼能人，在條件不成熟的時候，只能把不平和痛苦埋在心底，一再隱忍而行。因為沒有權勢，在政治上就是完全的「窮人」一個，必須完全聽命於對手，向對手示弱，而且不能使對手看出破綻，否則很可能會對你不利。

一方面，公子光極力表現出忠誠於吳王僚，時時處處都在為吳國效命，以鞏固自己作為王兄的地位，博得吳王僚的信任。另一方面，他在暗中積極創造條件，以為將來奪取王位一磚一石的鋪平道路。他任命心腹被離為市吏，密令他藉著在市場任職的方便搜羅奇能異士，以為己用。

被離將楚國的名臣、亡命江湖而落魄於吳，靠吹簫乞食的伍子胥推薦給公子光。伍子胥也深知，如果想實現自己滅楚復仇的大計，必須依賴公子光，於是千方百計的為公子光篡奪王位的圖謀而奔走。他為公子光網羅能人異士，設謀獻計，立下了汗馬功勞。

智者之所以成為智者，就在於時機不到的時候，能夠耐心的等待時機的到來，當時機降臨的時候，又能緊緊的抓住它、充分的加以利用。楚平王死後，一時之間楚國朝政混亂，楚昭王年幼，正是伐楚的天賜良機。伍子胥要求公子光一旦得到王位，就必須率兵伐楚以報家仇的時候，公子光則因勢利導，順勢答應，並且與伍子胥一起密謀了一個弒王篡位的計畫。其要點是，以伐楚為名，設法說服吳王僚將兒子余餘、燭庸派到前線去與楚兵廝殺；將吳王僚的長子慶忌派到鄭、衛兩國去說服他們一起伐楚；再將王叔季札派到中原去搞外交。調虎離山，吳都空虛後，公子光便請吳王僚赴宴，尋機將其刺死。這是一個十分周密而狠毒的計畫。

吳王僚雖然被蒙在鼓裡，卻仍然十分小心。他派王宮衛兵在公子光府邸森嚴把守，從大門到大廳都有人警戒。不僅如此，從王宮到府邸一路上均有甲士鎮守，長槍和利戟在陽光下閃爍著逼人的寒光，被請赴宴的官僚也多為吳王僚的親信。

宴會開始後，氣氛漸漸的熱鬧起來，然而所有進入廳的人都要經過嚴格的檢查。

公子光是這齣血腥話劇裡的主角，他以主人的身分，周旋於吳王僚和賓客之間。他看到賓客們的醉意越來越濃，酒興越來越旺，警惕之心也越來越鬆弛的時候，便向吳王僚說：「臣腳疾發作，疼痛難忍，需用白布纏裹，方可止痛，請允許稍離片刻！」吳王僚答應了。

這時，廚房附近有一位侍者，兩隻眼睛機敏的溜來溜去，似乎在等待什麼機會。當他看見公子光起身離開餐桌步向後廳時，便端起一個大銀盤，銀盤裡盛著一條色味香俱佳的太湖蒸魚，向宴會大廳走去。吳王僚的甲士認真的搜查了他的全身，才放他接近了吳王僚的餐桌。吳王僚一直在專心的欣賞著美女們的曼妙舞姿，所以連他最喜歡吃的太湖蒸魚也沒有引起注意。粗壯的侍者在放下銀盤的瞬間，突然把右手伸入魚腹之下，取出一柄匕首，向吳王僚狠狠的刺去。吳王僚慘叫一聲，眨眼間侍者的匕首已經透過三層甲衣，深入他的肌膚。侍者又一次的猛一用力，吳王僚便血濺王府，一命嗚呼了。

侍者名叫專諸，是公子光與伍子胥事先安排好的力士，吳王僚的衛兵們很快就把專諸剁成了肉泥。這時，公子光、伍子胥率領事先埋伏好的甲士衝殺出來，王宮的衛兵見吳王僚已死，士氣大減，過一會兒，死的死降的降，場面漸漸安靜了下來。

公子光在甲士的簇擁下，對赴宴的官員們大聲的說：「吳國的王位如果季札不願繼承，身為前吳王諸樊長子的我，自然是正統的繼承者，僚根本沒有資格為王，他即位即是篡位。此刻我從篡位者手裡奪回了王位，有意見的可以站出來。」當然沒有人敢站出來表示異議，於是公子光率領親信甲士，浩浩蕩蕩的進入了王宮，誅殺了反對派，正式稱王，自號吳王闔閭，一時之間聲震朝野。

闢蹊徑

有些人辦事，總是習慣於一條道走到底，即使屢屢碰壁也不知換一個方向，所以這樣的人屢遭失敗還不知道原因出在哪裡。

有些人則不然，他們在辦事時，如果一條道走了兩次，發現走不通，他們就會另闢蹊徑，換一條道走。目的是一樣的，如果能把事情辦成，走什麼樣的路有什麼關係。哪怕繞個大彎子，也會有人誇獎你的辦事能力。

把現實的利益抓到手，這才是聰明人的辦事之道。

輕鬆去求人

人與人之間的距離，說遠則遠，說短則短。你要去求一個人辦事的時候，是冒失的衝上去直接就問，還是事先有所準備，對對方有所瞭解，然後再去求助比較好？答案不言而喻。

千萬不要低估「預先準備」的力量。先看一看與他的職業有關的刊物、報紙、花絮消息，以及任何讓自己的常識變得更豐富的東西。如果能在會晤前搜集些會晤者的資料，選定要交談、溝通的目的，比較出你和對方共用的兩三個話題，那會更好。這樣，你在求人的時候，就會比較輕鬆的找出與對方相同的話題，而不是尷尬的坐在那裡，不知如何開口。

用感謝方式來加強感情

一個同學在跟一個學長接觸時的第一句話是：「開學時，就是你幫我安置床位的。」「是嗎？」那個同學驚喜的說。接著，兩人的話題就打開了，氣氛頓時也熱了許多。那個學長的確幫過許多人，不過開學時人多事雜，他也記不得了。這個同學恰到好處的點出了這一點，給對方很大的驚喜，也使兩人的關係拉近了一層。

一般說來，每個人都會對自己無意中給別人很大的幫助感到高興。見面時如果可以不失時機的點出，可以引起對方的極大好感。因此，初次見到曾幫過自己的人時，不妨當面說出來，一方面向對方表示了謝意，在無形中也加深了兩人的感情。

從對方的外貌談起

每個人都對自己的相貌或多或少的感興趣，適當地從外貌談起就是一種很好的交際方式。

有一個善於交際的朋友在認識一個不善言談的新朋友時，很巧妙的把話題引向這個新朋友的相貌上。「你太像我的一個表兄了，剛才我差點把你當作他，你們倆都高個頭，白淨臉，有一種沉穩之氣……穿的衣服也太像了，深藍色的西服……我有些分不出你們倆了。」「真的？」這個新朋友眼裡閃著驚喜的光芒，他們的話匣子也就打開了。

我們不得不佩服這個朋友談話的靈活性，他把對方和自己的表兄並提，無形中就縮短了兩人之間的距離，接著在敘說兩人相貌時，又巧妙的給對方以很大讚揚，因而使這個不善言談的新朋友動了心，願意與其傾心交談。

剖析對方的名字來引起對方的興趣

名字不僅是一種代號，還是一個人的象徵。初次見面時能說出對方的名字已經不錯了，如果可以再對對方的名字進行適當的剖析，則更上一層樓。或者用一種算命者的口吻剖析其姓名，引出大富大貴、前途無量之類的話，這也未嘗不可。總之，適當的圍繞對方的姓名來稱道對方，不失為一種好方法。

遇到障礙就繞過去

遠行之人，若遇到高山擋路、石頭絆腳，自然會想辦法繞過去，或動腦筋另闢蹊徑。這種做法應用在求人辦事方面，就是繞著圈子達到目標，換一個說法就是不走直線走曲線。

義大利知名女記者奧里亞娜·法拉奇，以其對採訪對象挑戰性的提問和尖銳、潑辣的言辭而著稱於新聞界，有人將她這種風格獨特、富有進攻性的採訪方式稱為「海盜式」的採訪。迂迴曲折的提問方式，是她取勝的法寶之一。

先拋出「套子」的一部分

在採訪越南總理阮文紹時，法拉奇想獲取他對外界評論他是「越南最腐敗的人」的意見。但若直接提問，阮文紹肯定會矢口否認。法拉奇將這個問題分解為兩個小問題，曲折的達到採訪目的。她先問：「你出身十分貧寒，對嗎？」阮文紹聽後，動情的描述小時候他家庭的艱難處境。得到關於以上問題的肯定回答後，法拉奇接著問：「今天，你富裕至極，在瑞士、倫敦、巴黎和澳洲都有銀行存款和房子，對嗎？」阮文紹雖然否認了，但為了洗清這個「傳言」，他不得不詳細的道出他的「少許家產」。阮文紹是如人所言那般富裕、腐敗，還是如他所言並不奢華，已經昭然若揭，讀者也會從他所羅列的財產「清單」中得出自己的判斷。

給「套子」換一個說法

阿里·布托是巴基斯坦總統，西方評論界認為他專橫、殘暴。法拉奇在採訪中，不是直接問他：「總統先生，據說你是一個法西斯份子。」而是將這個問題轉化為：「總統先生，據說你是有關墨索里尼、希特勒和拿破崙書籍的忠實讀者。」從實質上講，這個問題與「你是一個法西斯份子」包含的意思是一樣的，但轉化了角度和說法的提問，往往會使採訪對象放鬆警惕，說出心中真實的想法。它看起來無足輕重，但卻尖銳、深刻。

辦事的「冷熱水效應」

一盆溫水，保持溫度不變，如果先把手放入冷水裡，再放到溫水中，會感到溫水熱；若先將手放在熱水中，再放到溫水中，就會感到溫水很涼。同一盆溫水，出現了兩種不同的感覺，這就是「冷熱水效應」。在辦事中，善於運用這種冷熱水效應就可贏得某種心理優勢，進而獲得主動，增添制勝籌碼。

有一個女孩叫小倩，雖然相貌一般，但是很有心機。一次，她去某公司應聘求職，長相出眾、能說會道的姐姐要和她一起去，小倩不同意，她非要和人稱「醜小鴨」並且還有些口吃的妹妹一起去。別人都不理解，但小倩卻心滿意足的找到理想的工作。

經他人介紹，小倩打算和某個男生「見面」，與求職一樣，小倩不願姐姐作陪，而是領著妹妹。別人一直笑她，但後來，小倩和那位青年組建了一個美滿家庭。小倩為什麼要堅持這樣做？因為她明白，和「熱水」一起，主考官、頭次見面的男生有可能將其「低看一等」；和「冷水」一起，主考官、頭次見面的男生可能將其「高看一籌」。

汽車銷售公司的洛克，每月都能賣出三十輛以上汽車，深得公司經理的賞識。由於許多原因，洛克預計到這個月只能賣出十輛車。極懂人性奧妙的洛克對經理說：「由於銀根緊縮，市場蕭條，我預估這個月頂多賣出五輛車。」經理點了點頭，對他的看法表示贊成。沒想到一個月過後，洛克竟然賣了十二輛汽車，公司經理對他人大誇獎一番。

倘若洛克說本月可以賣十五輛或者事先對此不說，結果只賣了十二輛，經理會怎麼認為？他會強烈的感受到洛克失敗了，不僅不會誇獎，反而可能會百般指責。在這個事例中，洛克把最糟糕的情況——頂多賣五輛車，報給經理，使得經理心中的「預期」變小，因此當月績出來以後，對洛克的評價不僅不會降低，反而提高了。

一個人不能直接端給他人一盆「熱水」時，不妨先端給他人一盆「冷水」，再端給他人一盆「溫水」，這樣一來，這個人的這盆「溫水」同樣會獲得他人的一個良好評價。

人們在判斷事物時下意識要進行相互比較、有時為了讓某人接受一件有些勉強的事情（溫水）時，不妨用另一件更困難的事（冷水）作反襯，出於趨利避害、兩難當中取其易的本能，他會痛快的接受想讓他接受的（溫水）。

假若首先讓對方嘗嘗「冷水」的滋味，就會使他心中的「秤砣」得以縮小，因此他會對獲得的「溫水」感到高興。

一次，一架民航客機即將著陸時，機上乘客忽然被通知，由於機場擁擠，無法降落，預計推遲一個小時到達。頓時，機艙裡一片抱怨之聲，乘客們在等待這難熬的時間。幾分鐘後，乘務員宣布，再過三十分鐘，飛機就會安全降落，乘客們如釋重負的鬆一口氣。又過五分鐘，廣播裡說，現在飛機就要降落了。雖然晚了十幾分鐘，乘客們卻喜出望外，紛紛拍手相慶。

在這個事例中，機組人員就是運用了「冷熱水」效應，首先使乘客心中「預期」變小，當飛機降落後，對晚點這個事實，乘客們不僅不厭煩，反而異常興奮了。

劣禽也要擇木棲

對於一隻鳥來說，登高枝可能會冒一定的風險；同樣的，對於一個人來說，想要出人頭地，也要冒一定的風險，但是不冒險又怎麼能成功？

歷史上的陳平登上高枝後，步步高升，青雲直上，到漢文帝時，擢升為右丞相，蟒袍玉帶，八面威風，一人之下，萬人之上。他一生誘人的傳奇，其實就在於對機會的成功把握。

第一次機會的降臨是他的婚姻。

陳平少時家貧，與兄嫂共同生活，雖然長得「眉似刷漆，目若朗星」，但除了醉心於黃老學說、治世之術外，什麼事都不會做。難怪他嫂子曾向人抱怨：「有這樣一位光吃不做事的小叔子，倒不如沒有的好。」而外面忌妒他的醜漢們則傳播著他和嫂子私通的謠言，以至於後來周勃和灌嬰有了在劉邦面前告狀的理由。

村裡有一個女孩，是顯富人家張負的孫女，十八歲，年輕貌美，知書達理，可惜卻沒人敢要，因為張小姐嫁了幾次，每次都是在洞房花燭時男人莫名其妙的死了。陳平心裡知道，他的機會來了。雖然娶張小姐自己也可能莫名而死，可是不冒這個險怎麼能登上張負這個高枝？他想通之後，決定抓住這個難得的機會。

他首先要引起張負的注意。有一次地方上辦喪事，陳平知道可以見到張負，於是就早早來到，事無巨細，忙個不停，果然引起了張負的注意。喪事辦完以後，張負尾隨陳平追至陳家，見陳家破席當門，門前卻有很多顯貴尊長的車軌痕跡。張負沉思良久，回來對兒子張仲說：「像陳平這樣有才貌的人，怎麼會永遠貧賤？」

於是，張負偷偷給了陳平一大筆錢，讓他添置聘禮、操辦酒席，把孫女嫁給了陳平。陳平成了當地顯富張負的孫女婿，有了很好的生活條件和工作環境，交遊範圍也更廣了，雄鷹展翅、高飛在即。

陳平抓住的第二次機會是擇主而仕，去楚投漢。

陳平先投魏咎，因為意見相左，改投項羽；但入關之後，項羽妄自尊大，難以採用謀士意見，陳平深感前途暗淡。正在這時，劉邦出現了。雖然此時劉邦本人身陷敵營、一籌莫展，但善於抉擇的陳平看到希望在劉邦一邊，所以他冒著生命危險，出奇計騙項羽調走老謀深算的范增，然後用「欲縱故擒」之法助劉邦逃離了楚營。

陳平兩次出逃，三次擇主而仕，是其大智使然，只要與范增相比較，便可看出他的高明。范增明知項羽不可為，卻疏於變通，結果落得身死名裂。陳平可仕則仕，不可仕則去，終能顯身揚名。

請看他與劉邦的一段對答：

劉邦：「你原來幫助魏王，後來離開魏王去幫助西楚霸王，現在你跟隨我，這是什麼原因？」

陳平：「同樣一件有用的東西，在不同的人手裡就不同了。我侍奉魏王，魏王不能用我，我離開他去幫助霸王；霸王也不信任我，才來歸附大王。我雖然還是我，但用我的人可不一樣，我久慕大王於用人，招致天下豪傑於麾下，所以不遠千里而來……」

這一切，都表現了陳平善於把握機會、善登高枝的高超技巧，值得後人借鑑思索。

一籌莫展不是你的最終選擇，
你應該想辦法讓自己一飛沖天！

練絕招

想要辦好事，就要有一兩項能拿得出手的本事，至少也要讓你所求的對象看得出來，你比別的求他辦事的人要強一些，只有這樣才能打動對方，心甘情願的為你辦事。

這就需要你加強自身的修練，練成一兩種絕招，在必要的時候拿出來，以求打動對方。或者能直接給對方以好感，這樣就會促成你的辦事之路順利暢通。

找出你的賣點

和珅雖然家境不佳，但是很聰明，在一次偶然的機會升為侍衛之後，他對乾隆的性情喜好、生活習慣，甚至一言一語、一舉一動，都處處注意，留心觀察。時間一久，把乾隆的脾氣、心理、愛憎，瞭解得十分清楚。乾隆什麼時候想要什麼東西，什麼時候該辦什麼事情，他一看乾隆的臉色，就能猜得出個八九不離十。有時不等乾隆開口，他早已把應該要的東西準備好了，因此乾隆對他非常滿意。

和珅揣摩透了乾隆的心理，他見乾隆處處以康熙為自己的楷模，就投其所好，常常藉著歌頌康熙的威德來讚頌乾隆的恩澤四海和武功蓋世。一次，他見乾隆說起「上有天堂，下有蘇杭」的話，就趁機向乾隆描述了江南的水光山色，還講了康熙皇祖下江南的盛況。他在講述這些的同時，又不忘以適當的方式稱頌乾隆的盛德，說：「萬歲的文治武功在百姓心中，和皇祖的一樣。現在是太平盛世，如果萬歲也能像皇祖那樣南巡，乃是萬民的幸福。」

乾隆被和珅說得有些飄飄然了，就決定也要效法聖祖巡遊江南。

於是，和珅趕快到沿途各省、撫台、衙門，讓沿途地方官趕修行宮，疏浚水道，整修旱道，做好各種準備，迎接聖駕。

這裡不是鼓勵大家去學習和珅的阿諛奉承，但是他善於體察上意，對今天職場奔波的人來說也是不可少的。

實際上，落實能力正是決定事情成敗、也是決定個人職場生涯的關鍵。

在美西戰爭期間，美國必須立即跟西班牙的反抗軍首領加西亞將軍取得聯繫，而加西亞正在古巴叢林的山裡，沒有人知道他確切的地點，所以無法寫信或打電話給他。但美國總統必須盡快獲得他的合作。這時，有人說：「有一個叫羅文的人，他有辦法找到加西亞。」

羅文從總統手中接過寫給加西亞的信之後，沒有問：「他在什麼地方？怎麼去找？」而是經過千辛萬苦，在幾個星期後，把信交給了加西亞。

就是這麼簡單的一個故事，但是它可以流傳到世界各地。《把信帶給加西亞》的作者這樣寫道：

像他這種人，我們應該為他塑一座不朽的雕像，放在每一所大學裡。年輕人需要的不是學習書本上的知識，也不是聆聽他人的各種指導，而是要加強一種敬業的精神，對於上級的託付，立即採取行動，全心全意去完成任務——「把信帶給加西亞」。

我欽佩的是那些不論老闆是否在辦公室都努力工作的人；我也敬佩那些能夠把信交給加西亞的人，靜靜的把信拿去，不會提出任何愚笨的問題，也不會存心隨手把信丟進水溝裡，而是不顧一切的把信送到；這種人永遠不會被「解雇」，也永遠不必為了要求加薪而罷工。

這種人不論要求任何事物都會獲得。他在每個城市、鄉鎮、村莊，每個辦公室、公司、商店、工廠，都會受到歡迎。世界上急需這種人才，這種能夠把信帶給加西亞的人。

這裡，羅文的信念、執著確實令人欽佩，同樣的，他執行任務的能力也給人留下深刻的印象。落實能力就像個人形象一樣，能反映一個人的做事水準，也可以改變他人對你的看法，進而決定著一個人的成與敗。對待工作中的任務，怕承擔責任的人推脫，懼怕困難的人退縮，患得患失的人觀望，主動負責的人只有——行動。

《莊子》一書中，有兩個技藝超群的人。一個是廚房夥計，一個是匠人，廚房夥計即那位宰牛的庖丁，匠人即那位楚國郢人的朋友，叫匠石（不一定就是石匠）。他們的共同之處，就是技藝超群，簡直到了出神入化的境界。

先看庖丁，他為梁惠王宰牛。他那把刀似有神助刷刷刷幾下，一個龐然大物，便肉是肉、骨是骨、皮是皮的解剖得清清爽爽。他解牛時，手觸、肩依、腳踏、進刀，就像是和著音樂的節拍在表演。更奇的是，庖丁的刀已經用了十九年，所宰的牛已經幾千頭，而那刀仍像剛在磨石上磨過一樣鋒利。

再看匠石，他的技藝也十分了得。郢人把白灰抹在鼻尖上，讓匠石削掉。那白灰薄如蟬翼，匠石揮斧生風，削掉白灰而不傷郢人的鼻子。

古人說，凡是掌握一門技藝，無論是做什麼的，都可以成名。只要有一技之長，就可以自立。過去老人總是對年輕人說：「縱有家產萬貫，不如薄技在身。」這是最平凡最實在的生存真理。

熟識辦事的程序

辦事在人們生活和工作中經常發生，而且，辦有些事不僅止於提供資料、表達意見，還期望能解決問題，達成共識或取得深度瞭解。如果你辦事的目的是屬於後面這幾項，辦事前做好必要的準備是必需的。

辦事前的五個準備步驟：

明確你辦事的目的

首先，你要明確你辦事的目的。一般而言，辦事有下列幾個目的：

- 傳達你想要讓對方瞭解的資訊
- 針對某個主題，想要瞭解對方的想法和感受
- 想要解決問題，或是達成共識與協定

搜集辦事對象的資料

你對辦事對象越是多一分瞭解，就越能知道該用什麼方式溝通比較有效，如文字重於語言，或語言重於文字，用詞遣句的程度等。瞭解溝通者的個性，如溝通者是沉默寡言型，你溝

通的重點應該是如何鼓勵溝通者講出他心裡的話；如果知道溝通者的興趣，你可以視情況談談他的興趣，以便緩和一些氣氛或增加溝通的樂趣。同樣的，你越是瞭解對方，就越能發現如何去關心他，關心是化解雙方分離或對立的最好處方。

決定辦事的場所

場地對辦事的進行有很大的影響。例如會議室、辦公室、咖啡館、高爾夫球場等不同的地點，適合不同的辦事主題，你應該選擇最適合的場所進行你的溝通。

準備辦事進行的程度與時間

如何進行溝通，以便獲得辦事對象的回應？辦事的程序安排及所需時間的預估是必要的。辦事的程序大致而言，可以分為三個階段：

第一階段：開場白。開場白的重點在於介紹自己，建立自由交談的氣氛，說明辦事的目的，建立彼此的信賴感。

第二階段：中間溝通。中間溝通的重點是充分交換資訊，注意聆聽，找出雙方共同的部分，如想法、目標、觀念，並明確指出雙方無法達成共識的地方。

第三階段：結尾。溝通結束時，匯總雙方產生共識的地方，並對不能取得回應的地方，誠懇的表達再溝通的期望，並且將溝通中可能需要再查明、再調查確認的專案，約定回覆的時間，最後向對方表示感謝。

針對以上所說的每個階段、你對需要準備好每個階段需要參考的資料，可能發生疑點的問題，安排溝通各項專案的順序，預估所需花費的時間。

雖然辦事是互動的行為，單方面很難也沒有必要控制整個程序的進行。但是，如果你心中已經準備好腹案，相信你辦事時會更有重點，更有效率。

擬定辦事的計畫表

擬定辦事計畫的目的，是幫助你進行有效的辦事，並能記住辦事的過程。

也許你會認為，要怎麼進行辦事，在腦子裡已有方案，不用那麼麻煩，並且應該臨場隨機應變，計畫表沒有什麼功效。

的確，不是每次辦事都要事前做好辦事計畫表，辦事計畫表只是一個幫助你提高辦事能力的一項工具。計畫表可以讓你練習辦事前先思考辦事進行的方式及如何表達你想表達的重點，辦事中幫你留意是否有所遺漏，溝通完後可以讓你回想反省辦事過程中自己是否能依計畫進行及為什麼不能依計畫進行，自己在辦事時存在哪些缺點。經過多次的檢討，相信你的溝通能力會得到極大提升。

把自己的想法對他人複述一遍

許多人都有這樣的體會，一件事在心裡已經想過多次，但在把它說出來之前，心裡仍然是含糊不清的，而透過自己對他人的複述，這些想法不僅突然間變得清晰，同時還會產生許多更新奇的效果。

曾經有一位企業的總經理，每當公司在經營上碰到難題時，他都會把身邊的部下或老朋友找來商量。不過，說起來是找人「商量」，可是實際上都是聽他一個人唱「獨角戲」。雖然在談話的過程中他也會問：「你認為如何？」但往往還沒等別人回答，他又馬上說出了自己的意見，給人的感覺就好像他一個人在自問自答似的。因此，每次他找部下去商量事情時，公司裡的職員就會自嘲的說：「又要去聽老闆唱獨角戲了。」

其實，對這位經理來說，只要有人聽他說話就夠了。換句話說，他根本不是想要對方提供什麼好意見，也不是像他的職員們所說的有喜歡唱獨角戲的嗜好。事實上，他是想找一個談話的對象。

他找人來「商量」事情，滔滔不絕的獨自發表意見，多半是為了整理自己的思路。他真實的意圖是藉著把自己的想法向別人道來的過程，把自己在思考當中模糊不清的地方明顯的表現出來，找到解決問題的對策。

某件事情還在腦子裡打轉，和要向外表達出來是有很大區別的。

在思考事情時，人的意志會在潛意識裡迴避對自己不利或不瞭解的部分。而此時的自我根本不會有所察覺，於是就做出了自以為是的判斷。但是，到了要將它明確的表達出來時，那些本來尚未充分理解的部分馬上就暴露出來。有許多人都有過這種體驗，某個問題自認為在腦子裡已經想得非常透徹了，但要把它用文字或語言表達出來時，卻又覺得很不順暢，甚至使人感到很窘迫。

像這樣自以為已經考慮得很清楚的構想，到了要明確表達出來時卻有含糊不清的地方，說明他不是真正思考得很清楚了，而是對問題的理解或思考方式本身還存在著不妥之處。

之前提到的那位經理，就是為了找出自己在思考當中沒能發現的問題，所以才熱心的找人來「商量」。也就是找一個自己可以相信的人來當聽眾，讓自己可以從容的把想法說出來，在敘說的過程中檢查自己的構想有無破綻。結果是，他不僅在敘說中能自圓其說，而且又增添了許多新的內容。所以，如果你對自己的想法有所顧慮，最好的方法是找人把它再敘說一遍。

微笑是一把開心鎖

微笑可以解決問題，這是一個真理，任何有經驗的成功人士都會明白。所有的人都希望別人用微笑迎接他，所以有些公司在招聘員工時，以面帶微笑為第一條件，他們希望自己的職員臉上掛著笑容，把自己的公司推銷出去。用微笑先把自己推銷出去，最好的例子是美國聯合航空公司。

聯合航空公司有一個世界紀錄，那就是在一九七七年載運了最大數量的旅客，總人數是三五五六六七八二人。

聯合航空公司宣稱，他們的天空是一個友善的天空，微笑的天空。的確如此，他們的微笑不僅僅在天上，在地面便已開始了。

有一位叫珍妮的小姐去參加聯合航空公司的招聘，令珍妮驚訝的是，面試的時候，主試者在講話時總是故意把身體轉過去背著她，你不要誤會這位主試者不懂禮貌，而是他在體會珍妮的微笑，感覺珍妮的微笑，因為珍妮的工作是透過電話處理有關預約、取消、更換或確定飛機航班次的事情。

那位主試者微笑著對珍妮說：「小姐，你被錄取了，你最大的資本是你臉上的微笑，你要在將來的工作中充分運用它，讓每一位顧客都能從電話中體會到你的微笑。」

雖然可能沒有太多的人會看見她的微笑，但是他們透過電話，可以知道珍妮的微笑一直伴隨著他們。

肯羅是一位義大利人，他是倫敦著名的沙威館的總經理，這家旅館有一百年的歷史了。他每天都需要做很多事，如房間預約、床位安排、床單更換、食物供應等問題，但是他卻能安排得很好，沒有一點失誤。

作為一個總經理，每天要管理許多職員，從侍者到廚師，從女僕到樂隊，而且還要解決其他問題而能夠如此有條有理，人們問他有什麼秘訣時，他說他的方法很簡單。

「我在問題還沒有發生以前，就用微笑把它笑走了，至少可以避免將小問題變成大問題。微笑，是我性格的一部分，我就用微笑來避免遭遇問題。」

或許你會有疑問，有些事是不能用微笑來辦理的。所以，你要解決問題，最好是一開始便避免問題的發生。也就是說，在問題發生以前，你就把它打敗，而一個真心的微笑，不管是從眼睛裡看到的還是從聲音裡聽到的，都是一個很好的開端。

另一個透過聲音傳達微笑的是奇賓•當斯。當斯是底特律地區最受歡迎的節目主持人之一，他的受歡迎不僅僅在底特律而是遍及全國。有些聽眾寫信給這位聲音裡帶著微笑的主持人，告訴當斯，他們透過他的聲音看到他的微笑。聽眾經常對他說這樣的話：「當斯，你的微笑跟我聽你的廣播時，所想像的完全一樣。我本來害怕會失去你的微笑，但是沒有。」

有人問當斯，為什麼總是那麼高興，他說他的秘訣是從來不把煩惱擺在臉上，而是深藏在心中。因為，他的工作是娛樂別人，他說：「為別人創造一個愉快的生活，這要從微笑開始，但必須是發自內心的微笑。」

當斯經常用「帶上一張快樂的臉」去工作，不是偶爾，而是經常，他把微笑加進他的聲音，配合上帝賦予他的演說水準，給觀眾以享受。

當斯說：「當你微笑的時候，別人會更喜歡你，而且，微笑會使你自己也感到快樂。它不會花掉你的任何費用，卻可以讓你賺到任何股票都付不出的紅利。」

這是一位用微笑解決問題的例證。

在一個適當的時候、適當的場合，一個簡單的微笑可以創造奇蹟；一個簡單的微笑可以使陷入僵局的事情豁然開朗。

一兩年以前，底特律的哥堡大廳舉行一次盛大的遊艇展覽會，在這次展覽中，人們蜂擁而來，在展覽會上人們可以選購各種船隻，從小帆船到豪華遊艇都可以買到。

在遊艇展覽期間，有一宗生意差點跑掉了，但第二家遊艇廠用微笑又把顧客拉了回來。

在這次展覽中，一位來自中東某一產油國的富翁，他站在一艘展覽的大船面前，對站在他面前的推銷員說：「我想買一艘價值二千萬美元的汽船。」我們都可以想像，這對推銷員來說，是求之不得的好事。可是，那位推銷員只是看著這位顧客，以為他是瘋子，沒加理睬，他認為這位富翁是在浪費他的寶貴時間，所以臉上冷冰冰的，沒有笑容。

這位富翁看看這位推銷員，看著他那沒有笑容的臉，然後走開了。

他繼續參觀，到了下一艘陳列的船前，這次他受到了一個年輕的推銷員的熱情接待。這位推銷員臉上掛滿了歡迎的微笑，那個微笑就跟太陽一樣燦爛。由於這位推銷員的臉上有了最可貴的微笑，使這位富翁有賓至如歸的感覺，所以他又說：「我想買一艘價值二千萬美元的遊艇。」

「沒問題！」那位推銷員說，他的臉上始終掛著迷人的微笑，「我會為你介紹我們一系列的遊艇。」他只這樣簡單的附和說，便推銷了他自己。

所以，這位富翁留了下來，簽了一張五百萬美元的支票作為訂金，並且他又對這位推銷員說：「我喜歡人們表現出一種他們非常喜歡我的樣子，你現在已經用微笑向我推銷了你自己。

在這次展覽會上，你是唯一讓我感到我是受歡迎的人，明天我會帶一張二千萬美元的保付支票回來。」

這位富翁很講信用，第二天他果真帶了一張支票回來，購下了價值二千萬美元的遊艇。

微笑是友好的表現，也是禮貌的象徵。人們往往依據你的微笑來獲取對你的印象，進而決定對你所要辦的事的態度。只要人人都獻出一份微笑，辦事將不再感到為難，人與人之間的溝通將變得十分容易。

微笑在辦事時的奇特魅力表現在：

微笑是以柔克剛的「妙招」

法國作家阿諾．葛拉索說：「笑是沒有副作用的鎮靜劑。」辦事時，遇到的人有愛發脾氣者，有刻薄挑剔者，有出言不遜、咄咄逼人者，也有與你存有隔閡芥蒂之人，對付這些「難對付之人」，「含蓄的微笑往往比口若懸河更可貴」。

面對別人的胡攪蠻纏、粗暴無禮，只要你保持微笑，保持冷靜，你就能穩控局面，用微笑減緩對方的刺激，以微笑化解對方的攻勢，進而以靜制動，以柔克剛，擺脫窘境。

微笑是融洽氣氛的「潤滑劑」

客人來訪或是你走入一個陌生的環境時，由於陌生或羞澀，往往會端坐不語或拘謹不安。此時，你若微笑，就能使緊張的神經鬆弛，消除彼此間的戒備心理和陌生感，相互產生良好的信任感和親近感。記住：要使他人微笑，你自己得先微笑。

微笑是巧妙回絕的「藉口」

在喧鬧的影劇院入口，小王正忙著檢票。忽然看見一個熟人無票擠至門口，想憑關係入場。只見小王微微一笑，面帶歉意的搖搖頭，那個人見此也只好以含笑作答而離開。

「上山擒虎易，開口求人難」。別人有求於你時，往往都有惴惴不安的心理。此時，你想拒絕卻又無法直接說明原因，也不便向對方多說什麼道理，但不得不讓對方「下台」。說「行」不好，說「不行」又會使對方不安心理加劇甚至產生強烈的反應。怎麼辦？微笑。它既能緩和緊張的情緒免使對方難堪，又能免去言語不周而導致的麻煩，取得「此時無聲勝有聲」之效。而且，微笑還能為你贏得思考時間，藉以找到巧妙的處理方法。

微笑是傳遞歉意的「最佳方式」

微笑不是奴顏婢膝，而是一個人涵養的外化，是對他人一種和藹友善的表示。它能反映出你控制和表現自己情緒的能力，也能顯示你主動熱情、坦率大方的個性。當你不慎得罪了你的朋友和同事，當你無意冒犯了你的上司和長輩，你很想向他們解釋道歉，卻又礙於顏面難以啟齒。這時，只要你主動真誠的向他們報以微笑，一切就會和好如初。

微笑是醫治萎靡不振的「良方」

有一位性格抑鬱沉悶、心情沮喪的學生，畢業後被分到幼稚園。當她面對天真可愛的孩子們時，不得不強顏歡笑給他們上課。一天天過去，令人驚奇的是她竟變成了活潑愉快並能發自內心微笑的女孩。舒心的微笑使她振作起來了。

美國心理學家保羅•愛克的研究指出，哀傷能使人心率變慢體溫下降，微笑的表情卻能使人心率加快、體溫上升……抑鬱寡歡、空虛緊張、萎靡不振的情緒，透過微笑都能得到克服。

微笑是吸引他人的「磁石」

社交中，人們總是喜歡和個性開朗、面帶微笑的人交往，而對那些個性孤僻、表情冷漠之人，則總是避而遠之。一個優秀的電視節目主持人、公關小姐、售貨員他們深受人們喜歡的奧秘，就是他們具有動人的微笑。

微笑是深化感情的「催化劑」

有人說，微笑是愛情的「催化劑」，是家庭的「向心力」，是人際交往的「潤滑劑」；微笑能給人以美的享受；微笑又是向他人發射的寬容、理解和友愛的訊號。面對這樣的表示，又有誰會拒絕？假如你在街上遇見一位素來愛慕的女孩正向你微笑，你一定也會忘情的報之以笑，就在你們相互會心的微笑中，你們感受到對方美的風采、美的情感；假如你的妻子或丈夫正朝你大發雷霆，你若對她（他）嫣然一笑，又有什麼糾葛芥蒂不能冰消雪融？

微笑是開啟心扉的「鑰匙」

一個偷竊寢室同學東西的女學生，被叫到老師面前。老師面對這位紅著臉低著頭的學生，微笑注視良久後，只輕輕說了一句話：「還是由你自己說吧！」學生立即哭了，並且徹底承認錯誤。試想，假若這位老師大動肝火，結果又會怎樣？在這裡，微笑既是對對方的寬容和理解，也是對對方的啟發和誘導，更是對對方含蓄的指責和批評。

微笑是成功之路的「通行證」

兩個剛畢業的大學生同到一家公司應聘。面對發問，甲滔滔不絕，甚至不等主考官說完就大發意見，很有「英雄無用武之地」的感慨。相貌平平的乙，卻始終面帶微笑，平靜又不失機靈的陳述自己的見解。結果只有乙被錄用了。究其原因，用主考官的話來說，就是他從乙的微笑中，看見乙禮貌、自信和穩重的品格，看見乙潛在的創造力。因此，無論你是生活上求助於他人，還是請求上司變換工作，只要你巧施微笑，定會左右逢源，萬事皆順。

古人云：「笑開福來。」微笑因幸福而發，幸福伴喜悅而生，即「情動於中而形於外」。辦事時，只要你時時超越自我情緒的困惑，你就能保持輕鬆愉快的心境，你的面孔也會因此而湧起幸福的微笑，並且感染他人，他人的微笑又會反過來強化你的愉悅和微笑，形成你與他人之間人際關係的良性循環，這樣會促進你優美個性和創造力的發展，為你把事情辦好鋪下一塊「基石」。

一第四章一

求貴人幫你辦事

築感情

一個人去找一個貴人辦事時，最難的是什麼？最難的就是與對方溝通感情。如果你能夠與對方有很好的溝通，在感情上拉上線，貴人也同樣能為你所用，替你辦好事情。

具體說來，就是要懂得如何與貴人建築感情的大廈。人都是有感情的，貴人也是。當你初次與貴人打交道時，因為你與他沒有感情，他也許就是一塊冷冰冰的石頭；而當你與他建立好了感情以後，他也許就會像火爐一樣，供你取暖。

「長線投資」獲大利

人情冷暖，世態炎涼，平常朋友平常過。如果你是一個懂得「手腕」的人，你在交朋結友時，千萬不可急功近利。友情投資宜長久，哪怕是隻言片語的問候，亦是最上乘的交友之道。

平時多溝通，急時有人幫

現代人生活忙碌，沒有時間進行過多的應酬，日子一長，許多原本牢靠的關係也會變得鬆懈，朋友之間逐漸淡漠，這是很可惜的。這就需要大家一定要珍惜人與人之間寶貴的緣分，即使再忙，也別忘了溝通感情。

有一個剛去美國的人給他的國內朋友來信說：「我們在這裡也沒有什麼社交生活，我們難得去看看朋友，這當然是因為我們初到異境，認識的朋友不多，但後來我聽說，其他的人也一樣……」

「我們每星期工作五天，星期六和星期天都去郊外，這是一種家庭式的生活。就是說，要去郊外，就跟自己的家人一起去。」

「我們不能利用假期去探望朋友，因為一到假期，誰都不在家，除非朋友生病在床……

「但是我們常常和朋友通電話，這是我們唯一可以應酬朋友的方法，我們無事也打電話，哪怕是寒暄幾句，或者講些無關緊要的事。」

「但有事情時，我們會立刻聚在一起的。比方說上星期我兒子肚子痛，我急忙起來打電話給友人江醫生想辦法，他馬上駕車從七十公里外趕到，初步診斷，認定他得了盲腸炎，就用他的車子送孩子進醫院做了手術……」

窮人反而好辦事

有事之時找朋友，人皆有之，無事之時找朋友，你可曾有過？

不知你有沒有過這樣的經驗：當你遇到了困難，你認為某人可以幫你解決，本想馬上去找他，但後來轉念一想，過去有許多時候本來應該去看看他的，結果都沒有去，現在有求於人就去找他，會不會太唐突了？甚至因為太唐突而遭到他的拒絕？

在這種情形之下，你就會有些後悔「閒時不燒香」了。

法國曾經流行一本名叫《小政治家必備》的書。書中教導那些有心在仕途上有所作為的人，必須起碼搜集二十個將來最有可能做總理人的資料，並且把它背得爛熟，然後有規律的、按時去拜訪這些人，和他們保持較好的關係，這樣，當這些人之中的任何一個人當上總理，自然就很容易記起你，有可能請你擔任一個部長的職位了。

這種手法看起來不高明，但是非常合乎現實。一名政治家在他的回憶錄中提到：當他被委任組閣的受命伊始，心情很是焦慮。因為一個政府的內閣起碼有七八位部長，如何去挑選這麼多的人選？這的確是一件難事。因為被選的人中除了有一定的才能、經驗之外，最要緊的一點，就是「和自己有些交情」。

和別人有交情才容易得到別人的賞識，否則任你有通天的本領，別人也不知道。

友情投資，宜走長線

做人做事，不可急功近利。友誼之花，須經年累月培養。

善於放長線釣大魚的人，看到大魚上鉤之後，總是不急著收線揚竿，把魚甩到岸上。因為這樣做，到頭來不僅可能抓不到魚，還可能把釣竿折斷。

他會按捺下心頭的喜悅，不慌不忙的收幾下線，慢慢把魚拉近岸邊；一旦大魚掙扎，便又放鬆釣線，讓魚游竄幾下，再又慢慢收鉤。如此一收一放，等到大魚筋疲力盡，無力掙扎，才將牠拉近岸邊，用網子撈上岸。

求人也是一樣，如果逼得太緊，別人反而會一口回絕你的請求。只有耐心等待，才會有成功的喜訊。

有一位公司的老闆靠承包那些電器公司的工程謀生，起初他的日子也過得很困難。但後來在一位高人的指點下，這位窮老闆很快掌握致勝的秘訣。與一般企業家的不同之處是：他不僅奉承公司要人，對年輕的職員也殷勤款待。

誰都知道，這位窮老闆並非無的放矢。

事前，他總是想辦法將電器公司中各員工的學歷、人際關係、工作能力和業績，作一次全面的調查和瞭解，認為這個人大有可為，以後會成為公司的要員時，不管他有多年輕，都會盡心款待。這位窮老闆這樣做的目的是為了日後獲得更多的利益作準備。

這位老闆明白，十個欠他人情債的人當中總會有幾個能給他帶來意想不到的收益。他現在做的「虧本」生意，日後會利滾利的收回。

所以，自己看中的某位年輕職員晉升為科長時隔不久，他會立即跑上去慶祝，並送上禮物，同時還邀請他到高級餐館用餐。年輕的科長很少去過這類場所，因此對他的這種盛情款待自然倍加感動，心想：我從前從未給過這位老闆什麼好處，並且現在還沒有掌握重大交易的決策權，這位老闆真是一個大好人！無形之中，這位年輕科長自然產生了感恩圖報之心。

正在受寵若驚之際，這位老闆卻說：「我們公司能有今天，完全是靠貴公司的幫忙，因此我向你這位優秀的職員表示謝意，也是應該的。」這樣說的用意是不想讓這位職員有太大的心理負擔。

這樣，有朝一日這些職員晉升至處長、經理等要職時，還記著這位老闆的恩惠，因此在生意競爭十分激烈的時期，許多承包商倒閉的倒閉，破產的破產，這位老闆的公司經營得越來越好，究其原因就是由於他平常關係投資多的結果。

綜觀這位老闆的「放長線」的手段，確實有他「老薑」的「辣味」。這也揭示了求人交友要有長遠眼光，盡量少做臨時抱佛腳的買賣，而要注重有目標的長期感情投資。同時，放長線釣大魚，必須慧眼識英雄，才不至於將心血枉費在那些中看不中用的庸才身上，以免日後收不回成本。

多聚人情，慎用人情

人情好比存款，不能濫用。人們常說，好鋼要用在刀刃上，人情也是這樣，尤其對於普通人來說，能夠幫助你的情義或能夠保護你的人是有限的，要好好珍惜。

「人情世故」總是夾雜著真誠與虛偽的成分。雖然是一種形式，卻是維持人與人之間關係不可少的，除非離群索居，遺世獨立，否則任何人都無法擺脫「人情世故」的糾纏。也許你不喜歡這種形式上的東西，但既然身處社會，此事就萬萬不能疏忽。

人情世故雖然不一定能為你立即帶來多少好處，但多施恩澤，助人為樂，即使你是一個窮人，沒有多少的資源，但有時無意隨手幫的忙，都有可能在今後的日子裡得到回報。

作為一個普通人，本來可以用的「資源」就非常少，在社會上的地位往往處於最基層。想要為自己創造一個良好的生存環境，就必須把功夫下在平時，所以在平時，你就要注意多聚人情。因為人情就像銀行存款一樣，你存得越多，可領出來的錢就越多，存得越少，可運用的資源就越少。福澤深厚的人總是有貴人相助，不總是運氣好。你越是樂於助人，解人之困於危難，在危急的時候就越有人來幫助你度過難關。所謂「人助者天助之」，就是這個道理。

有些人喜歡用「人情」來辦事，以顯示自己的人脈之廣，以此來炫耀自己。但要知道「人情」是有限的，你若和別人只是泛泛之交，你能要他幫的忙就很有限，因為他沒有義務和責任幫你的忙。

如果你一次又一次的要他幫你的忙，結果可能是你們之間的感情開始轉淡，接著別人對你避之唯恐不及，要麼就是別人認為你這個人不通人情世故，有可能進一步發展的情分就此中斷了，這是因為你的人情存款只有那麼一點點。

要好好的把握友誼的親密度，不可太淺，也不可太過，否則只會適得其反。好朋友見面和交往的機會當然比其他人要多得多，可是任何事都有「度」，超越這個界限你得到的就是相反的結果。

所以，請朋友幫忙要注意：第一，弄清楚你和對方的情分如何，再決定是不是找他幫忙；第二，就是即使對方曾經欠你人情，你也不可抱著討人情的心態去要求對方幫忙，因為這有可能引起對方的不快，特別是喜歡斤斤計較的朋友，你們交情再深，也不可輕易找他幫忙；第三，人情要有適度的回饋，也就是要懂得「還人情」。

藉助親情巧闖關

俗話說，不是一家人，不進一家門。作為親戚，對方大都會很熱情的向你伸出援助之手。這樣會遠比求關鍵人物本人要容易得多，畢竟世人難過親情關。

親情是所有人都會引起重視的一種感情，正所謂，是人都得過親情關，就算鐵石心腸的人也不能例外，那種「無情無欲」、超然於紅塵之外的頓悟之人畢竟是少數。必須注意的是，親情關係又是一種比較複雜的關係，主要表現在親戚之間存在著多種差異，比如經濟的、地域的、地位的、性格的……這些差異既可能成為彼此交往的原因，也可能成為產生矛盾的原因。

因此，親戚關係也和其他關係一樣，在交往中也存在著一定的規律，如果遵循這些規律辦事，彼此的關係就會越來越親密；反之，違背了這些規律，親戚之間也是會互相得罪的。

親戚之間在互相交往、互相求助中應該注意什麼問題，才能使彼此關係更融洽、更牢固？

錢財往來要清楚，親兄弟也要明算帳

在親戚之間，為了經濟利益而產生問題和衝突也是屢見不鮮的。比如親戚之間借錢借物等財物往來是常有的事。有時是為了救急，有時是為了幫助，有時就是純粹的贈送，情況不同，但都表現了親戚之間的特殊關係，把這種財物往來當成表達自己心意和特殊感情的方式。

作為受益的一方在道義上對親戚的慷慨行為，應該給以由衷的感謝是必要的。但是如果把這種支持和幫助看成是理所當然的，不做出一點表示，對方就會感到不滿意，因而影響彼此的關係。

另一方面，明確表示是借的錢財，同樣是不能含糊的。這是因為親戚之間也有各自的利益，一般情況下應把感情與財物分清楚，不能混為一談。只要不是對方明言贈送的，所借的錢財該還的也要按時歸還。有些人不注意這個問題，他們以為親戚的錢財用了就用了，對方是不會計較的。其實不然，如果等到親戚提出來時，那就不好了。

對於來自親戚的幫助要注意給以回報，這既是加深友誼的需要，也是報答對方幫助的必要表示。如果忽視了這些回報，同樣會得罪人。

總之，親戚之間的錢財往來，既可以成為密切感情的因素，也可能成為造成矛盾的禍根，就看你如何處理。

不要居高臨下，或是強人所難

親戚之間雖然有輩分的不同，但是也應該相互尊重，平等對待。特別是在彼此之間有地位、職務的差異的情況下，更應該如此。

一般說來，地位低的人對於被小看是相當敏感的，只要對方露出哪怕一點冷淡的表示都會計較、不滿，造成不良的結局。在這種情況下，如果地位高的一方對來求助的親戚表示出不歡迎的態度，就很容易傷害對方的自尊。

還有另一種情況，就是有些人求親戚辦事時，特別是辦一些有違原則的事，人家沒答應就心懷不滿，說人家不講情誼之類的話，這是很使人傷心的，也是很不應該的。

有地位差異的親戚之間最常見的問題，是在不能滿足對方要求的情況下發生的。因此，如果遇到這些問題，一方應該注意盡量滿足對方的要求，另一方應該考慮對方的難處，盡量不要給對方出難題，即使因為客觀原因不能滿足自己的需求，也應該給以諒解，不能過多的計較。

不要一廂情願，為所欲為

親戚之間由於彼此關係有遠近之分，有密切程度上的差別，因此在相處中要注意把握適當的分寸。

「親戚越往來越親」，這是一般原則。但是，看你如何往來。這裡面是有一定技巧的。過去拜訪親戚可以在親戚家住上一年半載，現在就有很多的不便。大家都有工作，都有自己的生活習慣，住的時間長了，很多矛盾就會暴露出來。

還有些人到親戚家做客不是客隨主便，而是任自己的性子來。這就給主人帶來很多的麻煩，也容易造成矛盾。

比如，有些人有睡懶覺的習慣，每天要睡到太陽升起來才起床，他們到親戚家也不改自己的毛病。主人要照顧他，又要上班，時間長了，自然會影響主人的工作和生活的正常秩序，進而影響彼此的關係。

因此，在親戚交往中，也有一個優化自己的行為方式的問題，如果方式不當，同樣會得罪人。如果你能夠注意遵循以上原則，很好的利用這些關係，就可以順利的辦成一些難辦的事。

尊重上司的好惡

任何人想要在社會上生存，就應該盡量尊重上司的好惡。這不僅僅是做人的修養，也是做事的策略，因為作為下屬，不管你能力有多強，上司不信任你也無濟於事。換取上司對你的信任是你獲得器重和日後謀求晉升的基礎和前提。

想要爭取上司的信任，當然不是一朝一夕之功，有人認為「比其他人做更多的工作是最重要的」，其實這是遠遠不夠的。

想要使上司對你另眼相看，除了要能在工作上獨當一面之外，還能為上司的其他瑣事排憂解難，這樣的下屬才能得到更多的垂愛和賞識。

例如，上司經常找不到需用的資料，你能盡快替他將所有資料整理好。要是他對某客戶處理不當，你可以得體的代他把關係緩和。他討厭做的一些工作你不妨代勞。這樣，當上司覺得你是一個好幫手後，你自己也可以多儲存一些工作本錢。

不可只滿足於做好自己分內的事，還應在其他方面爭取經驗，提升自己的工作「價值」，即使是困難重重的任務，也要勇於嘗試。那些勞煩上司的事或難題，你都應該想想有沒有什麼好的建議。

還有一種技巧十分微妙，那就是與上司保持良好的溝通，給上司簡潔、有力的報告，但重要的事必須向他請示，切莫讓淺顯和瑣碎的問題煩擾他。

不要逞強，更不要急於表現自己，耐心尋找上司的工作特點，以他喜歡的方式完成工作。用自己的言行隨時隨地表示對他忠心耿耿，以你的態度說明一個事實：我是你最好的朋友，我會盡己所能為你服務。「言必行，行必果」，說出的話要算數。如果你真的努力這樣做，他會看在眼裡，一定會很明白你的意思，會對你日漸產生好感。

謠言或傳聞如果是針對公司而來，不妨悄悄的轉告上司，提醒他注意以便心中有數。不過，你的措辭與表達方式要簡明、直接。要特別注意，以免發生誤會。

上司向你下達任務後，先瞭解對方的真實意圖，更要衡量做法，以免因誤會而種下惡根或招致不必要的麻煩。

自己做錯了事，不要找藉口和推卸責任。解釋不能改變事實，承擔責任，虛心接受批評，努力工作以保證不再發生同樣的事，才是上策。

做任何事一定都要檢查兩次，確認沒有錯漏才交到上司面前。謹記工作時限，若不能準時做好，應該預先通知上司，當然最好不必這樣做，這樣可以使上司信任你能準時完成工作。而且必須圓滿的把工作完成，不要等上司告訴你應該怎樣去做。

上司願意選擇你做他的下屬，他對你的印象自然很好，你必須丟開對上司的偏見，事事替他著想，把他的事，當成自己的事。

也許你的上司命運比你好，但處世能力卻遠不及你，平時總表現出不可一世的樣子，只懂得一味批評下屬的工作做得不好，一旦問題真正出現之際，他卻推卸責任，誰也無法從他那裡得到明確的指示。然而在現實生活裡，每個職員都要服從他的命令。你感到很氣憤，但是請你不要忘記：每個人都不是十全十美的，在公司裡與其明爭暗鬥，甚至兩敗俱傷，不如努力與每一個人合作愉快。孔子不是告誡人們「小不忍，則亂大謀」嗎？你應該學會與公司裡的每一個人做朋友，在改變不了別人的時候先改變你自己。

儘管上司沒有要求你把過去的工作記錄拿給他看，你也應該把它們整理妥當，主動呈交給上司過目，讓他明白你的工作能力。對他忠心耿耿，上司自然不會再盲目挑剔你的工作方法，會對你增加好感。

在工作中，你應該做的是支持、愛戴你的上司。自己常常站在他的立場想一想，你會發現對方有許多不得已的苦衷，無論遇到任何工作上的困難，對上司都不過分依賴，避免與他發生任何正面的衝突。尊敬你的上司，你會發覺對方慢慢開始接納你的意見，並最終成為你可以依賴的靠山。

善於表現，適時邀功

自然界的玫瑰鮮豔芬芳，激情奔放。如果將上班族比作雅潔甜美、馥鬱襲人的玫瑰，怎樣才能做到常開不謝？筆者在企業中工作多年，有幾次從低層到中層，再到高層的經歷，貢獻出來，以資借鑑。

成為不可缺少的人

公司裡，老闆寵愛的都是那些立即可用、並且能給他帶來附加價值的員工。管理專家指出，老闆在加薪或提拔你時，往往不是因為你本人工作做得好，也不是因你過去的成就，而是覺得你對他的未來有所幫助。身為員工，應當捫心自問：如果公司解雇我，公司有沒有損失？我的價值、潛力是否大到老闆捨不得放棄的程度？一句話，要靠自己的打拼和緊跟時代節拍的專精特長，成為公司不可缺少的人，這至關重要。

尋求貴人相助

貴人不一定身居高位，他們在經驗、專長、知識、技能方面比你略勝一籌，也許是你的師傅、同事、同學、朋友他們或物質上給予、或提供機會、或予以思想觀念的啟發、或身教言傳潛移默化。有了貴人提攜，一來容易脫穎而出，二則可以縮短成功的時間，三是不慎辦砸了事能有人庇護。

建立關係網絡

社會上，一些專業能力等未必很好的人卻往往能出人頭地，許多人是得益於人際交往能力，公司裡亦是如此。建立關係網絡，就是創造有利於自我發展的空間，努力得到別人的認可，支持和合作。如何增加「人際資產」？組織中不乏以興趣、愛好、同學等關係結成的小團體，爭取成為其中一員；熱情幫助別人，廣結善緣；誠實、守信、正直是贏得信賴和敬佩的基礎。

不要將問題上繳

多年前，一位資深前輩曾告誡筆者，向上司彙報時要切記四個字：不講困難。記得當初曾不屑一顧，後來才逐漸悟出箇中道理。據說，古代信使如果連續報來前線戰敗的消息，就有被砍頭的危險。老闆每天都要面對複雜多變的內外部環境，要比員工遭遇更多的難題，承受更大的壓力。將矛盾上繳或報告壞消息，會使老闆的情緒變得更糟，還很有可能給他留下「添亂，出難題，工作能力差」的負面印象。

忌發牢騷

《組織行為學》的理論說，人在遭受挫折與不當待遇時，往往會採取消極對抗的態度。牢騷通常由不滿引起，希望得到別人的注意與同情。這雖是一種正常的心理「自衛」行為，但卻是老闆心中的最痛。大多數老闆認為，「牢騷族」與「抱怨族」不僅惹是生非，而且造成組織內部彼此猜疑，打擊團體工作士氣。為此，當你牢騷滿腹時，不妨看一看老闆定律：一、老闆永遠是對的；二、當老闆不對時，請參照第一條。

善於表現，適時邀功

想辦法做一個「有聲音的人」，才能引起老闆的注意。向老闆彙報，要先說結論，如時間允許，再作細談；如果是書面報告，不要忘記簽上自己的名字。除老闆以外，還要將成績設法告訴你的同事、部屬，他們的宣傳比起你來效果更佳。會議是同事、主管、老闆及顧客之間不可多得的溝通管道，會議發言是展現能力和才華的大好時機。

總之，在職場中，必須練得幾手絕招，才能在「江湖」上覓得生機。生存問題解決以後，才能談得上發展。

「禮輕情義重」

一般人送禮，最講究面子，似乎只有禮物值錢，才能表現出主人的情意。奇怪的是最講究傳統的國人，似乎忘了「禮輕情義重」這句傳統的教誨。往往一味與他人比，似乎越貴重的禮物越好，甚至有人信奉「辦多大的事，送多重的禮」這樣的原則，實際上送禮不一定要這樣送，不必因為辦一件難辦的事情而傾家蕩產。善於送禮的高手，所挑選的禮物，總是經過細心的選擇，同時把真情包裝在禮物之中，因其獨特的風格和濃濃的情義，使人覺得於情於理，實在是無法拒絕。

英國女王伊莉莎白訪問日本時，有一項訪問NHK廣播電台的安排。當時NHK派出的接待人，是該公司的常務董事野村中夫。野村接到這個重大任務後，便調查有關女王的一切資料，加以詳細研究，以便在初次見面時能引起女王的注意而給女王留下深刻的印象。

他絞盡腦汁，也沒有想到好主意，偶然間，他發現女王的愛犬是一種長毛狗，於是靈感隨之而來。他跑到服裝店特製了一條繡有女王愛犬圖樣的領帶。在迎接女王那天，他打上了這條領帶。果然，女王一眼便注意到了這條領帶，微笑著走過來和他握手。

野村送出的禮物是無形的，「禮」輕得非同尋常，卻使女王體會到了他的一片用心，感受到了他的情意，因此可謂是道地的「禮輕情義重」。

西方人送禮，往往是一束鮮花、一本書、一簍水果。禮物雖小，卻成敬意。也許在這一點上，我們要好好學習外國人的送禮藝術。

送禮，本身就是一種禮貌、尊重、感謝的表示，它本來要求是「禮輕情義重」。禮物應該是小巧玲瓏，不必價值過分，又不是給對方的物質援助或經濟補貼。

人們通常出於面子的需要，覺得一件小東西拿不出手，要送，就得送貨真價實的大禮。要送水果就秤它十斤，錢雖然花了不少，但效果卻未必好。特別是第一次見面，你一下子提了那麼多的禮物，人家還可能認為你有什麼不可告人的目的，誰還敢收。如果主人不肯收，你的處境就尷尬了，提走不是，不提走也不是。於是你推我讓，最後，首先難下台的還是你。

如果取消「經濟價值」的標準，什麼是合適的送禮標準？應該是令對方高興的，價錢高低不應該作為衡量的標準。

你想要做一個聰明人嗎？你送禮時就不要只考慮到面子，僅斟酌掏多少錢出來，還是要記住「禮輕情義重」這句古訓，以能使對方高興為送禮的最高標準。

很久以前，一位醫生到偏遠的山區去行醫，他醫好了一個窮苦的山裡人，沒有向他收取一分錢的報酬。那個山裡人回家以後，砍了一捆柴，走了一天的路到城裡，把那一捆柴放在醫生的腳下，可笑他不知道現代的生活裡，幾乎已經沒有「燒柴」這個概念了，幾乎所有的人都認為他和他的辛苦成了白費。

但事實卻不然，在愛裡沒有什麼是徒勞的。那位醫生後來向人回憶這個故事時總是說：「在我的行醫生涯裡，從來沒有收過這樣貴重的禮物。」

一捆柴，只是一捆荒山中枯去的老枝，對於大多數人來說，都是這樣認為的。但對於這個山裡人來說，卻包含了他的全部。由於其中所深含的情意，使它成為記憶中不朽的財富，這才是送禮的真正藝術。

攀高結貴，不卑不亢

人的學識、修養、經歷、地位不同，因而有平常與尊貴之分。這是人際關係的層次差別，也是一種自然秩序。尊貴者是相對的概念，每個人都是尊貴者，同時又有自己的遵從對象。交往對象不同，人們的位置會隨之發生變化。尊貴者雖然與別人不屬於同一交往類別，有著一定的溝通障礙，但人們卻可以打破障礙與之正常交往，甚至發展友情。怎樣與尊貴者發展友情？

尊重對方，嚴謹有致

與尊貴者發展友情，首先要準確的把握雙方關係，給其以相應位置，充分表現出對他的尊重和恭敬。這是對雙方關係的確認和定位，也是對對方的一種希望被尊重願望的滿足，必須嚴謹有致，不可苟且。

切忌奉承，不卑不亢

尊重是有原則、見真情的。如果不顧原則，另有目的，人格淪喪，不知廉恥，對尊貴者就會表現出阿諛奉承來。這表面上似乎是尊重對方，其實它與尊重是有著本質的不同的。阿諛奉承，虛情假意，誇大其詞，別有用心，只會讓尊貴者反感、厭惡直至痛恨。本來可以建立友情，卻因為雙方失去真情而無法發展下去。當然，也不能排除個別尊貴者好大喜功，樂於聽奉承話，但是這樣的尊貴者，你還有必要與他發展友情嗎？

態度自然，不必拘謹

尊貴者無論地位，還是閱歷、學識，都高出一般人一籌。與他們交往，往往會令你肅然起敬，有時你還會有一種威壓感而在尊貴者面前噤若寒蟬。你作為一個平常人，尤其是未見過世面的年輕人，在這種情勢下往往會顯得動作走形，言語囁嚅，特別彆扭、生硬。其實尊貴者也是人們平等的交際對象，也是一種自然的交往關係，人們一方面要尊重對方，另一方面也要立足於自己，守住分寸，保持本色，自然而正常的交往，不必拘謹。如果你能做到這一點，反而能顯示出你的交際魅力，反而會贏得對方的認可和尊重，尊貴者還會樂於與你發展友情。

巧妙配合，不可狂妄

從交往的過程來說，尊貴者是交際的主角，而你則是配角，處於次要地位。這是交際現狀，也是交際規律，是由彼此交往的身分和交際能量決定的。你要積極支持尊貴者，熱情配合對方，鞍前馬後，服從需要，聽候調遣。這是合乎交際現實的，不僅不會損害自己的「身價」，而且會取得尊貴者的信任。如果不能擺正這層關係，不適當地顯示自己的能耐，賣弄自己的「才華」，以至背棄、排擠尊貴者，這往往會適得其反。

主動真誠，做出姿態

尊貴者的行為是要與自己的身分、地位保持一致的。他們一般不會主動與他人交往，而作為平常人，身分在下，地位比他低，自然要主動積極，充滿真誠，先邁出一步，做出友好的姿態，這是尊敬長者的美德，也是交際的慣例。

求助求教，接受呵護

尊貴者是力量的象徵，在他面前，別人總是顯得很弱小稚嫩。所以要接受並求得呵護。這一則是你與尊貴者交往所尋求和迫切需要得到的東西，二則作為尊貴者，他也會從中獲得施予和扶持之樂，是一種自我價值的實現。尋找呵護一要尊重尊貴者的意願，二要適度得宜，不可仰仗、依附於尊貴者。這包括適當的求助及一定程度上的求教。這會獲得尊貴者的認可，並獲取他的友情。

巧暗示

當你求貴人做某件事，貴人由於記性不好忘記了時，你就要用暗示的方法去提醒對方，幫助對方回憶起他所答應過的事情。千萬不要當面詢問，以免人家下不了台。貴人都是很講究面子的，一旦下不了台，很可能就因為面子問題，原本答應你的事也半途而廢，你還被蒙在鼓裡，不知道什麼原因。

聰明人總是會辦成事，不是因為他們有多麼的神通廣大，只是因為他們會採用適當的方式去辦適當的事而已。

多用暗示少出面

派翠西亞·科克女士是麻薩諸塞州智囊團的成員，她工作優異而頗有建樹，但始終沒有提升。終於在某一天，她為這件事與上司爭吵了起來。

「在爭論中，我們互不相讓，氣氛十分緊張，」這位女士後來回憶說，「然而，這場唇槍舌劍之後，我不得不離開這家公司。」

非常遺憾，科克沒有遵守與上司打交道的基本規則：沒有把握取勝，不要輕易向上司開戰。不過，這不意味著應該盡量避免與上司衝突。對一位不甘寂寞的下屬來說，至關重要的不是唯唯諾諾，而是把自己的不同見解恰到好處的向上司表明。而避免衝突，只能暫時奏效，如長此以往，下屬能力難以發揮，人格受貶，上司則耳不聰目不明，指揮失當。

你想要向上司說出某些話時，不管這樣的話是好的還是壞的，都盡量用暗示的方式去說，而不要當面與上司爭執，要給上司留下足夠的餘地。

具體說來，以下幾種不同的情況要區別對待，並且採取不同的方法才能達到你的目的。

上司的決策出現明顯的錯誤時，可以採用下列方法使之改正：

■讓上司自己動搖信心，例如可以說：「你真敢冒險！」或者「哇！你真是勇敢。」語氣裡帶上點懷疑，比直接說：「你的計畫太冒險。」要好得多。

■不要怪上司而要怪客觀環境，例如：「要不是形勢變化太快，你的計畫一定會大獲成功。」

■表面恭維，暗中出招，跟上司說：「換成我，還真想不出你的方法，我原來想……」表面上說上司比你聰明，經驗豐富，實際上達到說出你自己想法的目的，上司聽了也許會動心。

■詢問上司還有沒有其他方法，或許上司會反問你有什麼想法，也可能上司會產生一些新的構想，而看起來，這一切也是他想出來的。

■請上司把他的想法解釋一下，在解釋的過程中，他可能不必等你提出來，自己就察覺有漏洞。

■採用假設性暗示，例如「如果這種產品銷路不好怎麼辦？」你也說得不過分，又能使上司重新考慮。

上司對你心懷疑慮時，你不妨也用暗示的方式去試探一下：

■把握好提出問題的時機，別在他忙得焦頭爛額、心情沮喪或者出了家庭糾紛的時候接近他，最好是在有你參與的某項工作接近成功，大家都心情輕鬆，在一起聊天的時候提出來。

■要講究提問的技巧，例如問他「還需要我做什麼事？」或者「還有什麼要我補充？」上司的回答可以看出他對你的評價。

■學會察言觀色，如果上司總是對你冷淡、不耐煩，對別人卻不是這樣，顯然他是對你不滿意。在這種情況下，除非你立下大功，否則不要問上司對你如何評價。

你對上司的工作有所思考並且形成建議時，可以這樣對他善意提醒：

- 先試風向，如果發現上司表現出防衛姿態，最好趕快改變話題。
- 逐級反映你的意見，越級抱怨會減少你說話的分量，減低別人對你的信任。
- 提出批評的每句話都要有根據，否則上司會認為你無中生有。
- 指責上司的錯誤，同時要給他提供如何處理才更好的建議。
- 提出困難向上司求助，好讓他自己察覺哪裡出了問題，或許你不指出來，他就已經體察到了你的難處。
- 批評的目的是為了改善工作，因此問題解決了，功勞歸於上司，你才能永處順境。

此外，在用暗示的方式去提醒上司時，有幾個方面也要加以注意：

選擇適當的時機

在找上司表達自己的不同見解時，先向上司的秘書詢問一下，今天上司的心情如何是很重要的。

即使這位上司沒有秘書也不要緊，只要掌握幾個關鍵時間就行了。當上司進入工作最後階段時，千萬別去打擾他；他心煩意亂又被許多事務糾纏時，應離他遠些；午飯之前以及度假前後，都不是找他的合適時機。

先消了氣再去

如果你怒氣沖沖的去找上司提意見，很可能把他給惹火了，所以你應該先使自己心平氣和。儘管你長期已積聚了許多不滿的情緒，也不能一股腦兒抖落出來，應該就事論事的談問題。因為在上司的眼裡，一個對企業持有懷疑態度、充滿成見的下屬，是無論如何也無法使他重鼓幹勁的，這個下屬也就只能另尋出路了。

鮮明的闡明爭論點

上司和他的下屬都不清楚對方的觀點時，爭論往往會陷入僵局，因此下屬提出自己的意見時必須直截了當，簡單扼要，才可以讓上司一目瞭然。

在紐約城財政部門任職的一名科長克雷爾・塔拉內卡很少與上司有摩擦，這不是說她對上司百依百順，她會把自己的不同意見清楚明瞭的寫在紙上請上司看。「這樣能使問題的焦點集中，有利於上司去思考，也可以讓上司有些迴旋的餘地。」

提出解決問題的建議

一般說來，你所考慮到的事情，你的上司早已考慮過了。因此如果你不能提供一個即刻奏效的方法，至少應提出一些對解決問題有參考價值的看法。

站在上司的立場上想一想

想要與上司相處得好，重要的是你必須考慮到他的目標和壓力，如果你能把自己擺在上司的立場去看問題、想問題，做他忠實的合作夥伴，上司自然會為你的利益著想，進而有助於你實現你自己的目標。

在職場中，沒有幾招保命的本事是不行的，因為如果是那樣，一旦碰上風浪，你會成為首先被犧牲的那一個。因此，多練幾個絕招，你才能在職場上活得遊刃有餘。

引導對方主動說話

哈斯特是從辦一份小報奮鬥到擁有二十三家報紙和十二種雜誌的著名出版商，他因為著名漫畫大師豪斯為他畫的漫畫不滿意而感到失望。哈斯特與豪斯不熟悉，此次請他來是為了幫助完成一個重要的計畫，可是豪斯畫了一張令人失望的漫畫。

哈斯特想，一定要引導豪斯重新畫一張滿意的作品。可是怎樣才可以讓漫畫家重新畫一張滿意的傑作？如果重畫，這張失望的漫畫就得作廢。怎樣才能既不使他掃興又能重畫？晚餐的時候，哈斯特先對豪斯的漫畫大大的讚揚了一番，接著便說：「這座城裡的電車已經傷亡了很多孩子，有時我看著這些電車，覺得那些開車的人簡直就像個死人。據我看來，那些死人好像時時都在斜睨著那些在街上玩耍的孩子，不假思索的直接就衝過去。」

豪斯聽到這裡，突然驚跳起來，大聲嚷道：「天啊，哈斯特先生，這可以畫一張震懾人心的好漫畫作品。你把我畫的那一張作廢了吧！我再替你重畫一張。」於是，豪斯勁頭十足的在旅館裡連夜又趕著畫了一張令人滿意的傑作，一張使電車公司屈服的漫畫。

哈斯特天賦巧妙的暗示法，可以作為我們日常生活中千百種類似情景的範例。

在這件事情中，從哈斯特這個方面來說，他巧妙的引導豪斯自動取消了第一張畫稿，而且還不辭辛勞的連夜將哈斯特心中的想法畫出。而對豪斯來說，他還以為是被自己的靈感所觸而即興創作，辛勞一夜「為人作嫁衣」卻樂此不疲，真是皆大歡喜。設想一下，如果哈斯特不是用他的「巧妙暗示法」將自己的想法移植到豪斯心中，不留一點痕跡，而是直言指出豪斯的畫令他不滿意並要求豪斯按照他的想法重畫一張，豪斯一定會憤怒的將他的漫畫扯碎，然後拂袖離去。

「巧妙暗示法」是一種非常實用的良策。因為人總喜歡以最大熱情去表現自己的想法，所以要使別人樂意採納你的意見，最佳的方法，就是讓他們自信這是他自己的創作，而不是受人「指使」。用這個方法來面對無論是我們的上司還是下屬，都能保護到他們的自尊心，使他們感覺到自己重要，並且努力朝你希望達到的目標努力。

著名管理學家泰勒對待他的夥計們，也是運用這個方法，使夥計們以為他逐步灌輸給他們的那些思想，都是他們自己的創見。據他的一位同事惠爾說：「泰勒很懂得他的真正目的，不在於要爭取名譽，而在於要把工作做好。然而，這個策略不僅使他的任務完成得事半功倍，而且還給他贏得善於用人的好名聲。」

威爾遜做總統時，在他的顧問團中，唯有霍士最得其信任。別人的意見，他很少採用，或是根本不採用，霍士的進言卻屢屢得以採納，後來霍士做了威爾遜的副總統。

霍士自述道：「我認識總統之後，發現了一個讓他接受我建議的最好方法，我先把計畫自然的透露給他，使他自己感興趣。這是在一次偶然的機會中發現的。我有一次去謁見總統，向他提出一個政治方案，可是他對此表示反對。但是幾天之後，在一次筵席上，我很吃驚的聽到他將我的建議當作他自己的意見而發表了。」

霍士不僅使威爾遜自信這種思想是自己的，後來他犧牲自己許多偉大的計畫，讓威爾遜來獲得民眾的擁戴。

霍士怎樣把計畫移植到威爾遜心中？他常常走進總統辦公室，以一種請教的口吻提出建議：「總統先生，不知道我這個想法是否……」「你不覺得這樣做還有什麼不妥嗎……」「我們是不是這樣……」就這樣，霍士把自己的想法不露痕跡的植入威爾遜的大腦，使他從自己的角度考慮這些計畫，加以完善並且付諸實施。

讓我們再來看一個關於著名工程師惠爾的故事：

有一次，惠爾想在其負責的工段更換一個新式的指數表，但是他想那個工頭必定會反對的，於是惠爾就略施小計。據他自己說：「我去找他，腋下夾著一隻新式指數表，手裡拿著一些徵求他意見的文件。我們討論這些問題之時，我把那個指數表從左腋換到右腋的移動了好幾次，終於他開口了：『你拿的是什麼？』『哦，你看它能做什麼？你們部裡又不用這個。』我裝作要走的樣子。『但是我很想看一看。』他堅持道。於是我裝作很勉強的樣子將那指數表遞給他，當他審視的時候，我就隨便的、但非常詳細的把這東西的效用說給他聽。他終於喊起來：『我們部裡用不到這東西嗎？天哪，這正是我早就想要的東西！』」

惠爾故意這樣採用激將法，欲擒故縱，巧妙的達到目的。

有時候，巧妙暗示比直接對對方說，效果要好得多，這是因為，許多人當面不願意承認自己的錯誤，而當你背地裡告訴他時，如果真是他的錯，他會很愉快的接受而不是拒絕。這也是一種辦事的妙法。

小人物如何「借貴人」？

貴人也是人，他們同樣有自己的關係。小人物想要借貴人之光，唯一的方法就是在貴人的網上結上自己的「扣子」。

誰不想得到貴人的相助，但小人物和貴人之間相隔何止十萬八千里。何況即使有緣碰上個「不論好歹」的貴人，求他辦事照樣碰釘子。在無數小人物心中，也許對求貴人相助多半是想想而已，因為貴人實在難求呀。但也有小人物中的另類，憑著聰明智慧，求成了貴人，辦成了大事。

清政府的官場中歷來靠後台，走後門，求人寫推薦信。然而軍機大臣左宗棠從來不給人寫推薦信，他說：「一個人只要有本事，自會有人用他。」左宗棠有一個知己好友的兒子，名叫黃蘭階，在福建候補知縣多年也沒補到實缺。他見別人都有大官寫推薦信，想到父親生前與左宗棠很要好，就跑到北京來找左宗棠。左宗棠見了故人之子，十分客氣，但當黃蘭階提出想讓他寫推薦信給福建總督時，頓時就變了臉，幾句話就將黃蘭階打發走了。

黃蘭階又氣又恨，離開左相府，就閒踱到琉璃廠看書畫散心。忽然，他見到一個小店老闆學寫左宗棠字體，十分逼真，心中一動，想出一條妙計。他讓店主寫柄扇子，落了款，得意揚揚的搖回福州。

這天，是參見總督的日子，黃蘭階手搖紙扇，徑直走到總督堂上，總督見了很奇怪，問：「外面很熱嗎？都立秋了，老兄還拿扇子搖個不停。」

黃蘭階把扇子一晃：「不瞞大帥說，外面天氣不熱，只是我這柄扇是此次進京，左宗棠大人親送的，所以捨不得放手。」

總督吃了一驚，心想：「我以為這姓黃的沒有後台，所以候補幾年也沒任命他實缺，不想他卻有這麼大的後台。左宗棠每天跟皇上見面，他若恨我，只消在皇上面前說個一句半句，我可就吃不住了。」總督要過黃蘭階手中的扇子仔細察看，確係左宗棠筆跡，一點不差。他將扇子還與黃蘭階，悶悶不樂的回到後堂，找師爺商議此事，第二天就給黃蘭階掛牌任了知縣。

黃蘭階不幾年就升到四品道台。總督一次進京，見了左宗棠，討好的說：「宗棠大人故友之子黃蘭階，如今在敝省當了道台了。」

左宗棠笑道：「是嘛！那次他來找我，我就對他說：『只要有本事，自有識貨人。』老兄就很識人才嘛！」

黃蘭階能夠官拜道台，是以左宗棠這個大貴人為背景，讓總督這個小貴人給他升了官，實在是棋高一著的鬼點子。

當然，欺世盜名，瞞天過海，是應該遭受譴責的，清政府的官場腐敗也令人驚詫、痛恨。單從借力的角度，為自己尋求一些貴人作為背景，進而使自己盡快得到提拔，英雄有用武之地，卻是很值得研究的。

旁敲側擊，達到目的

生活中，為人求情、代人辦事常常會遇到令人不滿意的情況，可是只要你學會委婉的表達方法，旁敲側擊，往往能產生意料不到的效果。

春秋時期，韓國修築新城的城牆，規定了完工限期。大臣段喬負責主管此事。有一個縣拖延了兩天，段喬就逮捕了這個縣的主管官員，將其囚禁起來。這個官員的兒子就找到管理疆界的官員子高，讓子高去替父親求情，子高答應了這件事。

一天，見了段喬後，子高不直接提及釋人的事，而是和段喬共同登上城牆，故意左右張望，然後說：「這座牆修得太漂亮了，真算得上是一件了不起的功勞。功勞這樣大，並且整個工程結束後又未曾處罰過一個人，這確實讓人敬佩不已。不過，我聽說大人將一個縣裡主管工程的官員叫來審查，我看大可不必，整個工程修建得這樣好，出現一點小小的紕漏是不足為奇的，又何必為一點小事影響你的功勞。」

段喬見子高如此評價他的工作，心中甚是高興，然後又聽子高的見解也在情理之中，於是就把那個官員放了。

那個官員之所以能夠免罪，原因大多在於子高的求情。子高把一頂高帽子給段喬帶上，然後就事論題，深得要領，不能不令人拍案叫絕。其實，一般人都存在順承心理和斥異心理，對那些合自己心意的就容易接受。因此，順應事物的發展規律，巧言遊說，便容易成功。

這種方法不僅可以用來求情，也可以用來諷刺，雖然不點入正題，卻也側重利害。

齊國的辯士田驕，標榜自己不喜歡做官，並以此自命不凡。實際上，他依附於權貴，氣派和勢力比做官的還足。

他的好友雲奇，某一天來到他的府中，對他不肯為官的骨氣表示極為欽佩，並且表示願意做一個僕人。

田驕喜不自勝，問：「你是從哪裡聽說我主張不做官的？」

「聽我隔壁的女人說的。」

「她也知道我？」

「不僅知道，而且還說你是她的楷模？」

「她是什麼人？」田驕更感興趣的發問。

「她是一個潔身自好的人，早就發誓不嫁人。可是今年三十歲，卻生過七個兒子；她雖然沒有出嫁，可比出嫁的人還會生兒子。」

「這……這……」田驕有口難言。

從這段故事中，我們不難看出雲奇是採用旁敲側擊的方法，指桑罵槐，痛罵了田驕一番。生活中有許多事情就是這樣的，旁敲側擊更甚於正面斥責。

向上司「要」的藝術

加薪是每個身在職場的人最大的夢想，也是許多人心中暗暗盤算的「陰謀」。既然能幫公司談成許多筆生意，也能為自己談成這個問題吧！可是結果往往不盡如人意。究其原因，就是因為許多人不懂得加薪不能直來直去，而是要曲折一點，換句話說，就是盡量用暗示的方法去達到自己的目的。

加薪談判和所有的談判都一樣，必須先稱稱自己的斤兩，再決定開口要多少。所謂薪水，其實就是你的表現和老闆給的待遇在中間匯合的那個點。如果你的表現老闆滿意，老闆給的待遇你滿意，兩點基本上是重合的，雙方都滿意；如果你覺得自己表現很好，老闆給的待遇比預期的低，就只有開口去要了。

不只是薪水，還有地位，有時候也要善「要」，老闆才會給你；不是大家公認的那樣，你的表現達到了，自然就會給你相應的地位，要知道，老闆也是人，也有忘記的時候和看不到的時候。

能否要到你的預期利益，關鍵就在看你怎麼去要。

有一天，宋太祖答應要任命張思光為司徒通史，張思光非常高興，一直引頸企望宋太祖正式任命，但是始終沒有下文。張思光實在等得不耐煩，只好想辦法暗示。

張思光故意騎著瘦馬晉見宋太祖，宋太祖覺得奇怪，於是問他：「你的馬太瘦了，你一天餵多少飼料？」張思光回答：「一天一石。」宋太祖又問：「不少啊！可是每天餵一石怎麼會這麼瘦？」

張思光又冷冷的答曰：「我是答應每天餵牠一石啊！但是實際上沒有給牠吃那麼多，牠當然會那麼瘦呀！」宋太祖聽出語外之意，於是下令正式任命張思光為司徒通史，透過自己的行動兌現了諾言。

既然是要，就要講究藝術，像上述的這位官員，面對自己的最大頂頭上司，他的做法其實還是冒了一定的風險，萬一皇帝心裡不太高興，一怒之下把他現有的也給奪去了，他豈不是得不償失了嗎？封建社會，什麼樣的情況都會發生。

比較好的方法是告訴老闆：「我在公司也做了這麼久了，對公司也有很深的感情。但現在我面臨財務危機，不知道該怎麼處理，所以來跟你商量一下（先把老闆拉到同一邊，而不是對立）。你看，有沒有什麼方法，讓我為公司多貢獻一些，並能交換多一點的待遇，以讓我度過這個難關。如果公司一時之間真的有困難，另一家公司表示可以解決我的問題，我可能只好轉到那家公司。等將來財務問題解決了，如果公司需要，我還是希望回來，為公司再次效力。」

接下來，就是找一個提出加薪的時機。什麼事情都要看勢頭、觀風向，加薪談判也是這樣。這裡要看的時機，牽涉到大氣候和小氣候。

小氣候指的是個人因素，比如老闆最近的心情如何；最近有別人要求加薪是否成功，老闆反應如何；應該趁老闆高興的時候一起要求加薪，還是過一段時間再說，免得老闆一下子碰到那麼多要求加薪的人而被搞得焦頭爛額，這些都是要考慮的。

還有，比如你要求老闆給你加薪一〇%，因為你過去五年都沒有加薪了，你這個要求應該是合理的，老闆也同意，但如果他一下子接受不了那麼多，你就可以暗示他每年給你加薪二%，這也是可以考慮的建議。由於把壓力分攤在幾年內，老闆也許就可以接受得了。

你打算向上司「要」的時候，首先要清楚你的貢獻和你所要求的是否能夠對接上，如果你的要求有些過分，最好還是免開尊口，以免到時下不了台，最終只有走人的尷尬結局。

欲擒故縱：讓「魚」自動上鉤

人都有一種探知欲，喜好探知新奇的事物，這不僅是對事物的一種態度，也是人的一種本能。對自己越不知道的東西或越神秘的事物，就越想知道答案。

我們辦事時不妨利用人的這個本性來一招欲擒故縱，這樣願者自然就上鉤了。

有一天，一個推銷員在溫斯波羅市兜售一種炊具。他敲了公園巡邏員羅伯特先生家的門，他的妻子開門請推銷員進去。

羅伯特太太說：「我的先生和隔壁的史密斯先生正在後院，但是我和史密斯太太願意看看你的炊具。」

推銷員說：「請你們的丈夫也到屋子裡來吧！我保證，他們也會喜歡聽我對產品的介紹。」於是，兩位太太硬逼著他們的丈夫也進來了，推銷員做出一次極其認真的烹調表演。他先用他所要推銷的那一套炊具在文火上不加水煮蘋果，然後又用羅伯特太太家的炊具煮。這種莫名其妙的操作給那兩位女士留下深刻的印象，但是男人們裝出一副毫無興趣的樣子。

一般的推銷員，看到兩位主婦有買的意思，一定會趁熱打鐵，鼓動他們買的。如果那樣，不一定能推銷出去，因為越是容易得到的東西，人們往往覺得它沒有什麼珍貴的，得不到的才是好東西。聰明的推銷員深知人們的這個心理，他決定用「欲擒故縱」的推銷術。

推銷員表演完後二話不說，只管洗淨炊具，包裝起來，放回到樣品盒裡，這時才對兩對夫婦說：「嗯，多謝你們讓我做了這次表演，而我實在希望能夠在今天向你們提供炊具，但是我今天只帶了樣品，你們將來再買它吧！」說著，推銷員起身準備離去。

這時，兩位丈夫立刻對那套炊具表現出極大的興趣，他們都站了起來，想要知道什麼時候能買得到。

羅伯特先生說：「請問，現在能向你購買嗎？我現在確實有些喜歡那套炊具了。」

史密斯先生也說道：「是啊，你現在能提供貨品嗎？」

推銷員真誠的說：「兩位先生，實在抱歉，我今天確實只帶了樣品，而且什麼時候發貨，我也無法知道確切的日期。不過請你們放心，等能發貨時，我一定把你們的要求放在心裡。」

羅伯特先生堅持說：「嘿，也許你會把我們忘了，誰知道啊？」

這時，推銷員感到時機已到，就自然而然的提到了訂貨事宜。

於是，推銷員說：「噢，也許……為保險起見，你們最好還是付訂金買一套吧！一旦公司能發貨就給你們送來。這可能要等待一個月，甚至可能要兩個月。」

這位推銷員的手段可謂高明，他不像一般的推銷員那樣，想辦法「逼」對象購買他們的東西，也不管這些東西對你是否有用，只要把錢付給他們，他們才會放過你。這個推銷員顯然更加懂得他的顧客的心理，使用「欲擒故縱」的手法，使得兩位原本對炊具不感興趣的先生都引發了巨大的興趣，這位推銷員的推銷功力可見一斑了。

善借力

找不認識的人去辦事時，你是否會有一種感覺，那就是：局促不安，感覺無法開口。為什麼會有這樣的感覺？因為你在不認識的人面前，會覺得借對方的力去辦事很難。

其實，只要你稍微修練一下，你就會發現，借對方的力去辦事不是十分困難，至少不像你想像中的那麼難。借別人的力量去辦事是常有的事，如果你不懂得如何去借力，你的事多半辦不成。

相反的，如果你善於借別人的力，相信你的境況也會很快改變。

以裙帶連裙帶

親故親故，無親不故。親之所以親，就是因為彼此有血緣關係或姻親關係。因此也就有了「一人得道，雞犬升天」之說，蒲松齡在《聊齋誌異・促織》裡的這句話道出「親」的性質、精髓。

著名詩人徐志摩當年拜師學藝，就多虧了一位親戚的引見。

徐志摩還在七歲的時候，就已經非常聰明，而且對語言及文學方面表現出濃厚的興趣，但直到十五歲了，他覺得自己在這個方面的學習進步不大，需要一位精於此道的老師來指點他。

聽說有一位叫梁子恩的人在這方面很有造詣時，他很想投入其門下去學習，但苦於沒有人從中引見。恰巧的是，徐志摩的表舅與梁子恩是同窗好友，於是他前往表舅家，請求表舅從中為其引見。

在與表舅的一席交談中，徐志摩充分表達了自己的迫切願望，他堅定又略帶哀婉的語氣，以及對長輩的謙恭之情，深深打動了表舅，使表舅覺得此子乃可造之材，於是最後答應了他，並且親自帶徐志摩去梁子恩的家，讓其拜在梁子恩的門下。

從此，老師的輔導加上自身的努力，徐志摩在詩歌上的造詣突飛猛進，最終成了一位著名的詩人。

從這個故事我們可以看出，在利用親戚關係時，言語產生了很大作用，可以說，善用親情在很大程度上要善用語言去說服對方，感動對方。

除了言語技巧以外，在東方人的親屬往來中，也可以用「投桃報李」之法。這種方法看似簡單、平常，但運用起來往往因人而異，結果大有不同，這其中也是有奧秘所在的。

「投我以桃，報之以李」，《詩經・大雅・抑》中的這句話，道出人際關係中的酬報原則。在人際交往中，任何人都免不了幫別人的忙，也免不了為別人所幫忙，正所謂：人人為我，我為人人。

但或許很多人都有這樣的感受，在親屬往來中，當求助於親戚時，出於親戚關係，表面上很爽快的答應了下來，可真正做起來時，卻會拖拖拉拉，或藉故推託。

為什麼？在親戚的眼中，求助人即使是與他有血緣關係的人，也是社會中的一個普通人，彼此之間沒有很近或很深的血緣關係時，親戚無須加以特別照顧。

因此，在利用自己的親戚關係之前，何不先讓人家利用一回，讓對方欠下一個人情，或者乾脆說，讓對方小小的利用一回，欠下一個小小的人情；繼而，在「投桃報李」的社會道德的約束下，在親情的基礎上加上恩情，何愁所求之事不成？

清朝末期，慈禧太后權傾朝野，但有誰知道她如何從一個普通的八旗女子登上太后的寶座？說到這裡，就不能不談談安德海——慈禧太后的一個遠房親戚。

慈禧太后原名葉赫那拉氏，十六歲時被咸豐帝選秀女時選中，作為一個普通的秀女，入宮之後，葉赫那拉氏每天對鏡梳妝，精心打扮，等候著皇帝的臨幸。可是，很長一段時間過去了，也不曾見過皇帝的人影。

因為皇上妻妾眾多，如今又來了這麼多秀女，哪裡顧得過來。所以，葉赫那拉氏也和無數的宮女一樣，被冷落在宮中桐蔭深處。然而，葉赫那拉氏可不甘心這樣無聲無息的待下去，她的小腦袋飛快的轉著主意：憑個普通秀女，要接近皇上幾乎是不可能的。但是她懂得：人託人，能上天。

於是，她找到同是鑲藍旗的親戚，現在是皇帝身邊的太監總管——安德海，請求他幫忙，安德海一見是一位不很熟悉的親戚，起初不熱衷於幫助葉赫那拉氏。

很快，葉赫那拉氏就明白了這個道理，把每月由內務府發給的月銀攢起來，買通安德海來打聽皇上的消息。

俗話說：「拿人錢財，替人消災。」不久，葉赫那拉氏得到安德海送來的消息，說：「近幾日咸豐帝每天飯後便乘坐小轎從初宮到水木清華閣去午睡避暑，來回都從桐蔭深處經過。」

於是，葉赫那拉氏抓住機會，每天午後打扮得花枝招展在那裡婉轉高歌，從此地經過的咸豐帝被她的歌聲與美貌迷住了，當即叫葉赫那拉氏到他的初宮去，寵幸了她。

不幾日，葉赫那拉氏便被封為貴人，但是她仍然不滿足，繼續給安德海恩惠，安德海在親情與恩情的「威逼」下，成了咸豐帝與葉赫那拉氏之間的橋樑，及時的把咸豐帝的行蹤與言談告訴葉赫那拉氏。就這樣，憑著這個親戚的通風報信，葉赫那拉氏的地位迅速提升，從貴人到懿嬪，從懿嬪到懿妃，後來又升為懿貴妃，最後終於成為兩宮太后之一。這一切，都是葉赫那拉氏懂得利用「投桃報李」的方法處理與利用親戚關係，進而達到自己的目的。

「投桃報李」是一種互逆的過程，就是說，除了可以先「投桃」後得到親戚的「報李」，也可以先讓親戚「報李」後再「投桃」。求助於親戚時，在親情互相信任的基礎上，可以先允諾「投桃」，進而得到對方的「報李」。

清朝中期的「紅頂商人」胡雪巖就很善於利用這種技巧去利用親戚關係。

有一次，胡雪巖為了購進一批昂貴的珠寶，急需要一大筆錢，但苦於自身沒有那麼多的現銀，找別人借又因為數目太大，沒有人肯借給他。

於是，胡雪巖就去找他的堂伯，他是當時富甲一方的茶葉商人，家財萬貫，而且經常仗義疏財。胡雪巖把來意說明之後，並且向堂伯保證，這是一筆只賺不賠的買賣，到時答應分給堂伯三分紅利。

胡雪巖的堂伯一直十分欣賞他，認為此子將來必成大器，再加上有三分紅利的誘惑，那可不是一個小數目，於是在沒有任何抵押、擔保的前提下，只有胡雪巖的口頭承諾及彼此的信任，堂伯便借給了胡雪巖三百萬兩銀子，這相當於他資產的一半。

結果，這筆珠寶買賣及最後的交易十分順利，胡雪巖不僅收回了成本，還賺了幾百萬兩的巨額利潤，並且如數將先前允諾的本錢與紅利一併還給了堂伯。

如此看來，在求助於親戚時，可充分運用自己的真誠去打動對方，然後做出承諾，讓對方能夠最大限度的相信自己。這樣，才可能先得到親戚的「報李」。

但有一點是要注意的，就是在做出「投桃」的承諾之後，就必須要憑自己的良心辦事，要有諾必踐，千萬不要做出小人行徑，暗中坑親戚一把。果真如此，親情這條路會被徹底堵死，相信一般的人都不會做這樣的傻事。

巧借顯貴，抬高身價

攀龍附鳳之心世人都有，誰不希望有一個聲名顯赫的朋友，一個明星，或者隨便什麼大人物，如果能躋身於他們的行列，自己也沾上了榮耀，在別人眼裡也就身價大增，說不定就從一個窮小子變成別人眼中的上層人物，進而在辦事過程中暢通無阻。

如果你家有親人位列社會名流顯貴，或有親戚朋友任要職或是能力很強，將來能對你發揮作用，你就可以利用普通人攀龍附鳳的心理，開口向別人請助，往往他們會很樂意為你辦事。

當你身邊實在沒有合適的說客幫忙時，也可以從名人中拉一位，借用一下他們的地位和聲望，充當你與被求者溝通的媒介。

我們可以看一看美國黑人出版家詹森的親身經歷：

有一次，我就是用借找人之名的做法招來真尼斯無線電公司的廣告的。當時真尼斯公司的頭頭是麥克唐納，他是一個精明能幹的總經理。我寫信給他，要求和他面談真尼斯公司廣告在黑人社區中的利害關係，麥克唐納馬上回信（我斷定他只是想拋開我）說：「來函收悉，但不能與你見面，因為我不分管廣告。」

我沒有洩氣！在我一生中每次面臨關鍵性轉捩點的時刻，人們開頭對我總說不行，我不能讓麥克唐納用那官腔式的回信來避開我，我拒絕投降。

「好，他是公司的頭頭，但又不掌管廣告，這就奇怪了？」我想。答案是再清楚不過的：他掌握著政策，相信也包括廣告政策。於是我再次給他寫信，問問我可否去見他，交談一下關於在黑人社區所執行的廣告政策。

「你真是一個不達目的誓不甘休的年輕人，我將接見你。但是，如果你要談論在你的刊物上安排廣告，我就立即中止接見。」他回信說。

於是，就出現了一個新問題：我們應該談什麼？

我翻閱美國名人錄，發現麥克唐納是一位探險家，在亨生到達北極那次聞名世界的探險之後的幾年，他也去過北極。

亨生是一個黑人，曾經將他的經驗寫成書。

這是一個我急需的機會。我讓我們在紐約的編輯去找亨生，求他在一本他的書上親筆簽名，好送給麥克唐納。我還想起亨生的事蹟是寫故事的好題材，這樣我就在還沒有出版的七月號《烏檀》月刊中抽掉一篇文章，以一篇亨生的文章代替它。

我剛步入麥克唐納的辦公室，他第一句話就說：「看見那邊那雙雪鞋沒有？那是亨生給我的。我把他當作朋友。你熟悉他寫的那本書嗎？」

「熟悉。剛好我這裡有一本，他還特地在書上簽了名。」

麥克唐納翻閱那本書，接著，他帶著挑戰的口吻說：「你出版了一份黑人雜誌。依我看，這份雜誌上應該有一篇介紹像亨生這樣人物的文章。」

我表示同意他的意見，並且將一本七月號的雜誌遞給他。他翻閱那本雜誌，並且點頭讚許我。我告訴他說，「我創辦這份雜誌，就是為了弘揚像亨生那種克服重重困難而達到最高理想的人的成就。」結果自然順理成章。

抓住對方有意攀附於你的心理，如果你有事相求，他一定會盡量答應你。

借力使力的迂迴說服

美國商人圖德拉是一個傳奇性的人物，他原來是一個一文不名的窮小子，毫不誇張的說，他比一些窮人更窮，但是他不認為他是一個窮人，並且堅信他能夠改變自己的命運。他憑著頑強的毅力，自學成才，獲得了大學文憑，然後就帶著文憑，到世界各地去尋找屬於自己的那個可以改變自己命運的機會。

出於敏感，他認為石油生意是利益最大的，於是他下定決心希望有一天能在石油生意上有所發展。

一天，他從一個朋友處獲悉阿根廷即將在市場上購買二千萬美元的丁烷氣體，於是靈機一動，何不去努力一番，說不定會弄到這份合約？雖然此時他的身上一毛錢都沒有，但是圖德拉憑著一腔勇敢就上了開往阿根廷的船。

圖德拉來到了阿根廷，發現自己的競爭者竟然都是大名鼎鼎的石油界鉅賈英國石油公司和殼牌石油公司。圖德拉想到自己單槍匹馬來到這裡，既無人脈關係，也無經驗可言，如果與這些大企業正面競爭，就是以卵擊石，必然一敗塗地，只有避開這些弱點，想出新的計謀，才能取得勝利。

他在當地四處搜尋資訊，摸熟了一些情況，還意外的發現了另一件事，阿根廷牛肉過剩，該國正想不顧一切的賣掉過剩的牛肉。圖德拉知道這件事後，喜上眉梢，心想，這下我有辦法和幾家石油公司抗衡了。

他即刻告訴阿根廷政府：「如果你們向我買二千萬美元的丁烷氣體，我一定收購你們二千萬美元的牛肉。」他這個條件對於阿根廷政府來說，正是求之不得，不僅為阿根廷政府解除了後顧之憂，同時還可以得到本國急需的丁烷氣體，於是圖德拉和阿根廷政府簽訂了這份合約。

圖德拉得到合約後，馬上飛往西班牙，因為他已經瞭解到那裡有一家大型的造船廠因缺少訂貨而瀕臨倒閉。

這是西班牙政府政治上面臨的一個棘手而敏感的問題，他告訴這家造船廠的老闆：「如果你們向我買二千萬美元的牛肉，我就在你們造船廠訂購一艘價值二千萬美元的超級油輪。」造船廠老闆聽後欣然同意。圖德拉隨即透過西班牙駐阿根廷大使傳話給阿根廷政府，將圖德拉的二千萬美元的牛肉直接運往西班牙。

這件事辦完以後，圖德拉離開了西班牙，來到了美國費城的太陽石油公司，向公司提出自己的建議和要求：「如果你們租用我正在西班牙建造的二千萬美元的超級油輪，我將向你們購買二千萬美元的丁烷氣體。」太陽石油公司同意了圖德拉提出的條件，簽訂了合約。

就這樣，圖德拉利用相互需求和彼此制約的關係使各方都接受他的條件，闖入石油界。

這是一個傳奇故事，經過無數人的傳頌，已經達到人人皆知的地步。同樣是一文不名，同樣是毫無社會地位，然而圖德拉的傳奇經歷你敢不敢去做，至少是敢不敢想，而不是只表示出羨慕的表情。如果你有和圖德拉類似的主意，就放手去做，說不定你就是下一個圖德拉。

善於用關係網去辦事

迪克一直在一家公司做初級會計的工作。在公司各部門幾經調整後，他感到各個方面的業務都應付自如了。

他很希望從中西部調到佛羅里達州，但是他與他選擇的這個州的各家公司都沒有任何聯繫，也只能給他所知道的各家公司寫信和與職業介紹所聯繫，但都沒有得到滿意的答覆。於是迪克決定透過自己所認識的人來辦這件事，他動腦筋搜尋了一下他所能利用的各種關係，最後列出了一張許多人的分類表。

從分類表中，他選出可能幫上忙的一些人。然後，他記下了這些人，他們都直接或間接的與他想去的佛羅里達州有聯繫，而且都與會計公司有關。最後他再進一步考慮，他們中間哪些人與會計公司聯繫更為密切。他最終選中兩個人：一個是他的老闆，史密斯先生；一位是南茜，他妹妹的好朋友。

他的下一步行動，也是最重要的一步就是找到這些能夠幫助自己的對象，以求得他們的幫助。而一旦這個能幫助他的對象需要得到其他的幫助，他就會以報答的方式使對方如願以償，以作為他們幫助自己的交換條件。

迪克知道，南茜對參加一個女大學生聯誼會很感興趣。辦法終於有了，他認識富蘭特里蒂的一個兄弟艾倫，艾倫的表妹正好是這個聯誼會的成員。迪克結識了艾倫，透過艾倫介紹南茜見到了他的表妹和聯誼會的委員。

南茜如願以償成為聯誼會的成員，為此南茜舉辦了一個晚會，並且在晚會上把迪克介紹給她做律師的父親。儘管這位律師與在佛羅里達州的任何一家商務公司都沒有直接的關係，但是他在那裡的律師圈子裡很有聲望，透過他的一位朋友的幫助，找到一家職業介紹所的總經理，並且透過多方努力使迪克終於得到滿意的職位。

一個人的進步，無論是職位的升遷或是工作的變動，得益於自己各個方面的社會關係。調查顯示，透過朋友和親屬的幫助得到好的職位，較之透過其他社會關係成功的機率要高得多。為了發展，你需要社會的幫助。你的聰明、才智、受教育的狀況、工作上的勤勉、鮮明的個性特徵還不足以使你為社會所承認，你還必須讓更多的人瞭解你。

要使別人瞭解自己，不是一件十分困難的事情，你需要知道的是一些方法，這些方法在你登上成功的階梯時會對你有所幫助，你必須懂得怎樣尋找讓別人瞭解你的機會，同時設法使別人瞭解自己。

心學堂 22

窮人反而好辦事

作者　涵予
美術構成　騾賴耙工作室
封面設計　九角文化/設計
發行人　羅清維
企劃執行　張緯倫、林義傑
責任行政　陳淑貞

企劃出版　海鷹文化
出版登記　行政院新聞局局版北市業字第780號
發行部　台北市信義區林口街54-4號1樓
電話　02-2727-3008
傳真　02-2727-0603
E-mail　seadove.book@msa.hinet.net

總經銷　知遠文化事業有限公司
地址　新北市深坑區北深路三段155巷25號5樓
電話　02-2664-8800
傳真　02-2664-8801

香港總經銷　和平圖書有限公司
地址　香港柴灣嘉業街12號百樂門大廈17樓
電話　（852）2804-6687
傳真　（852）2804-6409

CVS總代理　美璟文化有限公司
電話　02-2723-9968
E-mail　net@uth.com.tw

出版日期　2023年03月01日　二版一刷
定價　299元
郵政劃撥　18989626　戶名：海鴿文化出版圖書有限公司

國家圖書館出版品預行編目（CIP）資料

窮人反而好辦事 ／ 涵予作.
-- 二版. -- 臺北市 ： 海鴿文化，2023.03
面 ； 公分. --（心學堂；22）
ISBN 978-986-392-478-4（平裝）

1. 成功法

177.2　　112000740

SeaEagle

SeaEagle

SeaEagle

SeaEagle